本书系兰州大学中央高校基本科研业务费专项资金资助项目（项目号 13LZUJBWTD003）和兰州大学全国重点马克思主义学院建设科研资助项目的研究成果

马克思主义理论与政治理论学术著作丛书

丛书主编：王学俭

新农村建设中农民专业合作组织研究

XINNONGCUN JIANSHEZHONG NONGMIN
ZHUANYE HEZUO ZUZHI YANJIU

万秀丽　著

中国社会科学出版社

图书在版编目(CIP)数据

新农村建设中农民专业合作组织研究 / 万秀丽著 . —北京：中国社会科学
出版社，2018.1

（马克思主义理论与政治理论学术著作丛书）

ISBN 978-7-5203-2459-5

Ⅰ.①新… Ⅱ.①万… Ⅲ.①农业合作组织-研究-中国 Ⅳ.①F321.4

中国版本图书馆 CIP 数据核字（2018）第 091039 号

出 版 人	赵剑英	
责任编辑	任　明	
特约编辑	乔继堂	
责任校对	夏慧萍	
责任印制	李寡寡	

出　　版	中国社会科学出版社	
社　　址	北京鼓楼西大街甲 158 号	
邮　　编	100720	
网　　址	http：//www.csspw.cn	
发 行 部	010-84083685	
门 市 部	010-84029450	
经　　销	新华书店及其他书店	

印刷装订	北京君升印刷有限公司	
版　　次	2018 年 1 月第 1 版	
印　　次	2018 年 1 月第 1 次印刷	

开　　本	710×1000　1/16	
印　　张	11.75	
插　　页	2	
字　　数	193 千字	
定　　价	75.00 元	

凡购买中国社会科学出版社图书，如有质量问题请与本社营销中心联系调换
电话：010-84083683

摘　　要

"农业、农村、农民问题关系党和国家事业发展全局。"我国是一个农业人口占绝对多数的国家，"三农"问题是我国现代化进程中必须解决的重要问题。为解决"三农"问题，2005年10月，党的十六届五中全会首次提出了建设社会主义新农村的重大方略，2006年中央1号文件又对建设社会主义新农村做了具体部署。建设社会主义新农村，是我国在全面建设小康社会的关键时期，统筹城乡发展，实行"工业反哺农业、城市支持农村"的重大举措。

自中央提出建设社会主义新农村的大政方针以来，破解"三农"问题，要靠社会主义新农村建设已成社会共识。如何建设社会主义新农村呢？本书以为，根据中央提出的"生产发展、生活宽裕、乡风文明、村容整洁、管理民主"新农村建设方针，利用农民专业合作组织推进社会主义新农村建设是一条重要途径。

本书着眼于新农村建设，探讨了农民专业合作组织在新农村建设中的作用机制、历史演进、发展现状、存在问题与完善途径。首先，本书梳理了农民专业合作组织的相关理论，明确了我国农民专业合作组织的内涵、形式、原则、本质。其次，本书从新农村建设的大背景出发，着眼于新农村建设，探讨了农民专业合作组织在新农村建设中的作用机制，论证了农民专业合作组织对于推进社会主义新农村建设的重要作用，提出农民专业合作组织是实现农业经营体制创新的新形式，是建设现代农业的重要组织，是促进农民增收的有效手段，是营造文明乡风的内在动力，是完善乡村治理的参与主体，还是发挥农民主体性、推进以农民为主体的新农村建设的重要载体。再次，本书回顾了农民合作组织在我国的发展历程，揭示了农民专业合作组织产生的历史渊源，以及农民专业合作组织与我国历史上的农民合作组织的区别与联系。最后，在此基础上，本书分析了农民专业合作组织的发展现状，以及新农村建设中发展农民专业合作组织面临的制约因素，提出了新农村建设中农民专业合作组织的完善措施。鉴于农民专业合作组织发展中面临的种种问题，如相关法规与政府配套政策不完善、组织内部运行机制不健全、市场竞争力不足、总体规模小、服务水平低、地区差异大等诸多问题，本书提出：立足国情、借鉴国际经验，创造有利于农民专业合作组织发展的外部环境，健全农民专业合作组织的运行机制，培育农民专业合作组织的行动主体，提高农民专业合作组织的竞争能力，依据地区具体条件因地制宜发展农民专业合作组织，妥善处理农民专业合作组织与村两委、龙头企业的关系，以促进新农村建设中农民专业合作组织的顺利发展。

通过研究，本书得出了以下结论：一、必须坚持和完善农村基本经营制度，防止农地私有化；二、农民专业合作组织是在家庭承包经营的制度约束条件下实现农业经营体制创新的新形式；三、中国特色的农业现代化是在土地家庭承包经营的制度约束下的农业现代化，农民专业合作组织正是在这一约束条件下实现农业现代化的有效组织；四、推进农民专业合作社主导下的农业产业化经营是解决"三农"问题的根本途径；五、农民专业合作组织是营造文明乡风的内在动力；六、农民专业合作组织能够成为未来我国农民制度化政治参与的有效组织载体；七、农民专业合作组织是推进以农民为主体的新农村建设的重要载体。

关键词：农民专业合作组织；新农村建设

RESEARCH ON SPECIALIZED COOPERATIVE ORGANIZATIONS OF FARMERS IN THE CONSTRUCTION OF NEW COUNTRYSIDE

Abstract: "The problems of agriculture, farmers and rural areas are the key issues influencing the development of the Chinese Communist Party (CPC) and China. " Farmers constitute a majority of Chinese population, so the three-dimensional rural issues must be solved in the process of China's modernization. In October 2005, in order to solve these problems, The 5th Plenum of the 16th Chinese Communist Party Central Committee proposed the strategy of constructing new socialist countryside, and in 2006, the No. 1 Document of the Central Government proposed specific plans and details for it. This critical period proves to be vital to China's construction, which focuses on "the industry promoting agriculture and cities supporting rural areas".

It is universally acknowledged that the solution to farming—farmer—countryside problem also depends on the construction of the new socialist countryside. But how can such countryside be built? This dissertation proposes a new approach by making use of the specialized cooperative organizations of farmers, based on the concept of "production development, affluence, civilization, environmental protection and democratic management" by the central government.

This dissertation focuses on the mechanism, development, current situation, problems and solutions of the specialized cooperative organizations of farmers in the new countryside construction. Firstly, this dissertation summarizes those theories relating to the specialized cooperative organizations of farmers and set forth connotation, extension, principle and essence of the specialized cooperative organizations of farmers. Secondly , based on its mechanism, this dissertation discusses its role in rural development and points out that it is the new form of the innovative rural management system. It is also an important organization in modern agriculture and an effective way to increase farmers' income. It is the inner motive power of rural civilization. It can help with rural management and active participation of farmers in the construction of the new socialist countryside. Thirdly, the development of the farmers cooperative organizations in China is reviewed to show its origin, and demonstrate the differences and similarities between the present organization and the past one. Lastly, the paper analyzes its current situation and limitations and puts forward some measures to deal with them. Various problems arise such as insufficient rules and regulations, imperfect mechanism in the organizations, lack of market competitiveness, etc. So this dissertation puts forward that creating of a favorable environment, improving a reasonable mechanism, cultivating some active action agents, and enhancing the ability to compete. Moreover, the developmental policies should be made based on local conditions and centered on the relationship between the organization, the village committees and leading enterprise.

The following conclusions are reached: 1. Fundamental rural management systems must be kept and improved to prevent the privatization of farming land; 2. The farmers specialized cooperative organizations is new form of the innovative rural management system; 3. Agricultural modernization with Chinese characteristics is based on the household contract responsibility system of land, and the farmers specialized cooperative organizations is an effective one in the condition; 4. The industrialized management of agriculture by this organizations is fundamental for the solution to the agriculture－farmer－countryside; 5. It is also the initiative for the rural civilization; 6. It is through this organizations that farmers will participate in China's political activities in a well-organized way; 7. It will help with the new socialist farmer-centered countryside construction.

Key words: the specialized cooperative organizations of farmers; the construction of new countryside

目　　录

导　　论

一　研究背景与意义

（一）研究背景

"农业、农村、农民问题关系党和国家事业发展全局。"① 对"三农"问题重要性的强调，在党和国家发布的重要文件中屡见不鲜。我国 13 亿人口，8 亿在农村，是一个农业人口占绝对多数的国家，农业、农村与农民问题是我国现代化进程中必须解决的重要问题。在我国的现代化进程中，最艰巨最繁重的任务在农村。没有农村的现代化，就没有中国的现代化。现代化建设的成败最终不在于大城市有多发达，而在于广大农村、众多农民的经济社会命运是否从根本上得到转变。正如十七届三中全会所指出的："农业是安天下、稳民心的战略产业，没有农业现代化就没有国家现代化，没有农村繁荣稳定就没有全国繁荣稳定，没有农民全面小康就没有全国人民全面小康。""三农"问题能否顺利解决，决定着全面建成小康社会的目标能否顺利落实，决定着党和国家的现代化事业能否顺利推进，决定着中华民族伟大复兴的历史重任能否顺利完成。

当前，随着工业化、市场化、国际化、城镇化快速推进，我国的农业、农村正在发生深刻变化。在工业化的冲击下，传统的农业生产经营方式受到挑战，农业的弱质性愈加明显，农业经营比较效益日益低下，大批农民放弃务农，进城打工，农业生产主要依靠老人、妇女维持；在市场化的冲击下，高度分散的小农户家庭经营方式由于无法掌握市场宏观供求趋势，经常导致农民在市场竞争中失利，陷入增产不增收的怪圈，"小农

---

① 《中共中央关于推进农村改革发展若干重大问题的决定》，《光明日报》2008 年 10 月 20 日第 1 版。

户，大市场"问题仍然突出；在国际化的形势下，国外的廉价农产品大量进入我国市场，加剧了我国农产品市场的竞争态势，使我国的农业经营面临空前严峻的生存环境；同时，城镇化的快速推进又大大改变了农民的生活方式，提高了农民的生活成本。这些都表明，农业竞争力的低下、农村的落后已成为我国现代化进程中的一大问题。如果不解决这些问题，社会主义事业将受到严重影响。

为解决"三农"问题，2005 年 10 月，党的十六届五中全会在《中共中央关于制定国民经济和社会发展第十一个五年规划的建议》中首次提出了建设社会主义新农村的重大方略，提出"建设社会主义新农村是我国现代化进程中的重大历史任务"，并提出建设社会主义新农村的总要求是"生产发展、生活宽裕、乡风文明、村容整洁、管理民主"。2006 年中央 1 号文件《中共中央国务院关于推进社会主义新农村建设的若干意见》又对建设社会主义新农村做了具体部署，提出要"完善强化支农政策，建设现代农业，稳定发展粮食生产，积极调整农业结构，加强基础设施建设，加强农村民主政治建设和精神文明建设，加快社会事业发展，推进农村综合改革，促进农民持续增收"。

建设社会主义新农村，是在我国全面建设小康社会的关键时期，在我国总体上进入以工促农、以城带乡的新阶段的形势下，为适应工业化、市场化、全球化、城镇化的冲击作出的一个重大决策，是党中央统筹城乡发展，实行"工业反哺农业、城市支持农村"的重大举措，也是党中央统揽全局、着眼长远作出的重大决策。推进社会主义新农村建设，是一项不但惠及亿万农民，而且关系国家长治久安的战略举措，是我们党在当前社会主义现代化建设的关键时期必须担负和完成的一项重要使命，对中国特色社会主义建设具有极为重大的历史意义。推进社会主义新农村建设，是全面建设小康社会的重要任务，是确保我国现代化建设顺利推进的必然要求，是构建社会主义和谐社会的重要举措，是贯彻落实科学发展观、统筹城乡发展的重要举措，也是我们党执政为民和代表最大多数人利益的具体体现。

自中央提出社会主义新农村建设的大政方针以来，破解"三农"问题，要靠社会主义新农村建设已成社会共识。但是，如何建设社会主义新农村呢？根据中央提出的"生产发展、生活宽裕、乡风文明、村容整洁、管理民主"新农村建设方针，抓住"工业反哺农业，城市支持农村"的战略机遇，利用农民专业合作组织推进社会主义新农村建设是一条重要途径。利用农民专业合作组织，可以实现农业经营体制机制创新、建设现代农业、促进农民增收、营造文明乡风、完善乡村治理，还可以更好地发挥农民的主体性，推进以农民为主体的新农村建设。

作为解决"三农"问题的一个重要工具，农民专业合作组织正受到中央高度关注。自2006年以来，到2017年每年的1号文件都有出台与农民专业合作组织相关的政策。

2006年1号文件指出，积极引导和支持农民发展各类专业合作经济组织，加快立法进程，加大扶持力度，建立有利于农民合作经济组织发展的信贷、财税和登记等制度。

2006年10月31日，第十届全国人大常委会第二十四次会议通过《中华人民共和国农民专业合作社法》，这部法律的出台大大促进了农民专业合作经济组织的发展。2007年5月28日国务院又颁布了《农民专业合作社登记管理条例》。《中华人民共和国农民专业合作社法》和《农民专业合作社登记管理条例》的出台标志着农民专业合作组织的发展进入一个新阶段，农民专业合作组织的市场主体地位在法律意义上得到肯定，农民专业合作组织的组织和行为也有了规范依据，这对开辟农民专业合作组织发展的新纪元铺平了道路，对促进农村改革和农业发展、农民增收都发挥了积极作用。

2007年中央1号文件强调，要"大力发展农民专业合作组织。认真贯彻农民专业合作社法，支持农民专业合作组织加快发展。各地要加快制定推动农民专业合作社发展的实施细则，有关部门要抓紧出台具体登记办法、财务会计制度和配套支持措施。要采取有利于农民专业合作组织发展的税收和金融政策，增大农民专业合作社建设示范项目资金规模，着力支持农民专业合作组织开展市场营销、信息服务、技术培训、农产品加工储藏和农资采购经营"。

2008年中央1号文件指出，要"积极发展农民专业合作社和农村服务组织。全面贯彻落实农民专业合作社法，抓紧出台配套法规政策，尽快制定税收优惠办法，清理取消不合理收费。各级财政要继续加大对农民专业合作社的扶持，农民专业合作社可以申请承担国家的有关涉农项目"。尤其是2008年中央1号文件指出的农民专业合作社可以申请承担国家有关涉农项目，这有力地提高了农民专业合作社的社会地位。

2008 年十七届三中全会通过《中共中央关于推进农村改革发展若干重大问题的决定》,《决定》提出,要实现新农村建设的战略目标,必须推进农业经营体制机制创新,加快农业经营方式转变:家庭经营向提高集约化水平转变,统一经营向提高组织化程度转变。要"培育农民新型合作组织","按照服务农民、进退自由、权利平等、管理民主的要求,扶持农民专业合作社加快发展,使之成为引领农民参与国内外市场竞争的现代农业经营组织"。

2009 年中央一号文件提出,扶持农民专业合作社加快发展,开展示范社建设行动;加强合作社人员培训,各级财政给予经费支持。

2010 年中央一号文件中关于农民专业合作社的政策更多:如大力发展农民专业合作社,深入推进示范社建设行动,对服务能力强、民主管理好的合作社给予补助;扶持合作社自办农产品加工企业;全面推进农超对接;新增补贴适当向合作社倾斜。

2012 年中央一号文件提出,通过政府订购、定向委托、招投标等方式,扶持农民专业合作社、供销合作社、专业技术协会等社会力量广泛参与农业产前、产中、产后服务。充分发挥农民专业合作社组织农民进入市场、应用先进技术、发展现代农业的积极作用,加大支持力度,加强辅导服务,推进示范社建设行动,促进农民专业合作社规范运行。支持农民专业合作社兴办农产品加工企业或参股龙头企业。

2012 年党的十八大报告中提出,壮大集体经济实力,发展农民专业合作和股份合作,培育新型经营主体,发展多种形式规模经营,构建集约化、专业化、组织化、社会化相结合的新型农业经营体系。

2013 年中央一号文件提出,大力支持发展多种形式的新型农民合作组织。农民合作社是带动农户进入市场的基本主体,是发展农村集体经济的新型实体,是创新农村社会管理的有效载体。按照积极发展、逐步规范、强化扶持、提升素质的要求,加大力度、加快步伐发展农民合作社,切实提高引领带动能力和市场竞争能力。鼓励农民兴办专业合作和股份合作等多元化、多类型合作社。

2013 年十八届三中全会《中共中央关于全面深化改革若干重大问题的决定》中指出:允许农民以承包经营权入股发展农业产业化经营。鼓励承包经营权在公开市场上向专业大户、家庭农场、农民合作社、农业企业流转,发展多种形式规模经营。鼓励农村发展合作经济,扶持发展规模化、专业化、现代化经营，允许财政项目资金直接投向符合条件的合作社。

2014 年中央一号文件提出，扶持发展新型农业经营主体。鼓励发展专业合作、股份合作等多种形式的农民合作社，引导规范运行，着力加强能力建设。允许财政项目资金直接投向符合条件的合作社，允许财政补助形成的资产转交合作社持有和管护，有关部门要建立规范透明的管理制度。推进财政支持农民合作社创新试点，引导发展农民专业合作社联合社。按照自愿原则开展家庭农场登记。鼓励发展混合所有制农业产业化龙头企业，推动集群发展，密切与农户、农民合作社的利益联结关系。在国家年度建设用地指标中单列一定比例专门用于新型农业经营主体建设配套辅助设施。鼓励地方政府和民间出资设立融资性担保公司，为新型农业经营主体提供贷款担保服务。加大对新型职业农民和新型农业经营主体领办人的教育培训力度。落实和完善相关税收优惠政策，支持农民合作社发展农产品加工流通。

2015 年中央一号文件提出，引导农民专业合作社拓宽服务领域，促进规范发展，实行年度报告公示制度，深入推进示范社创建行动。

2016 年中央一号文件提出，积极培育家庭农场、专业大户、农民合作社、农业产业化龙头企业等新型农业经营主体。加强农民合作社示范社建设，支持合作社发展农产品加工流通和直供直销。

当前，正值落实"十三五"规划的关键时期，也是我国全面建成小康社会的决胜阶段，落实"十三五"规划，实现全面小康成为党和国家面临的头等大事。如何落实"十三五"规划？首要工作是补齐国家经济社会等发展短板。作为主要短板之一的三农问题，再次成为热议话题。虽然我国目前 GDP 已超 10 万亿美元，人均 GDP 也已突破 8000 美元，人民整体生活水平大幅提高，但是，农业农村的相对落后仍然是不可回避的问题。正如习近平多次指出的"全面建成小康社会，最艰巨最繁重的任务在农村、特别是在贫困地区"[①]。那么，又如何补齐三农短板，保证"十三五"规划顺利实现呢？加快实现农业现代化是一条重要途径。而要实现农业现代化，首先农业经营体系要转型升级，培育农村新型经营主体，

① 《习近平到河北阜平看望慰问困难群众时强调：把群众安危冷暖时刻放在心上，把党和政府温暖送到千家万户》，《光明日报》2012 年 12 月 31 日第 1 版。

发展多种形式的农业适度规模经营。农民专业合作社作为实现农业现代化经营的一个重要载体，持续受到中央高度关注。

正是在这一背景下，本书展开了对于新农村建设中农民专业合作组织的研究，希望通过研究找到解决"三农"问题、推进新农村建设、实现乡村振兴的有效途径。

（二）研究意义

1. 理论意义

第一，深化对新农村建设的研究。新农村建设是中国特色社会主义建设的一个重大方略，从农民专业合作组织在新农村建设中的作用机制出发探讨新农村建设，无疑能够加深当前对新农村建设的研究。目前关于新农村建设的专门研究与农民专业合作组织的自身研究都很多，但是，把二者联系起来，探讨农民专业合作组织与新农村建设的关系与相互作用的却并不多见，尤其是著作方面，目前尚属空白。本书着眼于新农村建设，探讨了农民专业合作组织在新农村建设中的作用机制、历史演进、发展现状、存在问题与完善途径，并着重论证了农民专业合作组织在新农村建设中的作用机制，论证了利用农民专业合作组织推进新农村建设是一条可行道路，拓展了当前关于新农村建设研究的广度和深度，具有一定的理论意义。

第二，丰富对农民专业合作组织的研究。目前，对农民专业合作组织的研究主要集中于对其内部问题如模式、运行机制、效率等问题的探讨，本书则从农民专业合作组织与外界关系的视角做了较多研究，较多地探讨了农民专业合作组织的外部影响，如其政治功能、社会效应等，这有助于丰富对农民专业合作组织的研究，具有一定的理论意义。

2. 现实意义

第一，为新农村建设实践提供一定的理论参考。本书探讨了农民专业合作组织在新农村建设中的作用机制，为实践中利用农民专业合作组织推进新农村建设提供了一定的理论参考。

本书不仅对农民专业合作组织的经济功能做了研究，更对其政治、社会功能做了较多研究，提出农民专业合作组织是实现农业经营体制创新的新形式，是建设现代农业的重要组织，是促进农民增收的有效手段，是营造文明乡风的内在动力，是完善乡村治理的参与主体，还是发挥农民主体性、推进以农民为主体的新农村建设的重要载体；这些对于建设"生产发展、生活宽裕、乡风文明、村容整洁、管理民主"的新农村具有较大的现实意义。

第二，促进新农村建设中农民专业合作组织的发展。本书着眼于新农村建设，分析了农民专业合作组织发展中存在的制约因素，并据此提出了发展农民专业合作组织的一些举措，如立足国情，借鉴国际经验，创造有利于农民专业合作组织发展的外部环境，健全农民专业合作组织的运行机制，培育农民专业合作组织的行动主体，提高农民专业合作组织的竞争能力，依据地区具体条件因地制宜发展农民专业合作组织，妥善处理农民专业合作组织与村两委、龙头企业的关系等，这些对于促进新农村建设中农民专业合作组织的顺利发展，具有一定的现实意义。

二　国内外文献综述

（一）国外文献综述

合作组织最早产生于西欧国家，起初以产业工人的消费合作社、农村的信贷合作社为主，后来发展到农业经营领域，并成为西方国家经济体系的一个重要部分。西方的农民合作经济组织一般称为农业合作社、农民（农场主）合作社、农协等，它们是发达国家普遍存在的一种经济形式，被认为是市场经济条件下发展农村经济的一个重要组织载体。国外的农民合作经济组织按照其特点，主要有三类：以法国、德国为代表的专业合作社，以日本、韩国农协为代表的综合农协以及以北美新一代合作社为代表的跨区域股份公司化合作社。从规模来讲，以日本农协为代表的综合合作社是以农户小规模经营为基础，以法国为代表的专业合作社是以中等经营规模为基础，而以北美新一代合作社为代表的跨区域合作社是以土地大规模经营为基础。

西方国家农业合作社的发展历史已经有一个半世纪，对于农业合作社的经济学研究从 20 世纪初期开始，至今也有近百年。因此，农民合作经济组织的实践和研究在这些国家都相对领先，这种领先不仅体现在其组织形式及制度演变的超前，也体现在研究者的理论工具和研究主题的全面深入及理论研究的相对前沿。

尤其是 20 世纪 60 年代以来，交易费用理论、产权理论、委托代理理论、博弈论等以新制度经济学为主的大量新理论、新方法不断涌现，这些新方法也逐渐被引入合作经济研究领域，并成为目前研究合作社内部的组织效率及制度变迁问题的主流分析工具，相关的研究成果主要集中在以下几个方面。

1. 关于合作社产生的原因

直至 20 世纪 70 年代，学者们都用市场失灵解释合作社的产生，但 80 年代 Staatz 等人将交易费用理论引入合作社理论中，用交易费用理论分析合作社产生的原因。Staatz（1987）分析了资产专用性、不确定性、外部性和科层对合作社成立的影响，认为合作社的出现是一种为了减少交易费用而选择的结果。

2. 关于合作社产权安排的效率

20 世纪 60 年代科斯在《社会成本问题》中提出产权问题之后，产权安排成为新制度经济学研究的重要角度。科斯认为，产权安排决定了激励效果、行为方式和资源配置的效率。合作社作为一种特殊产权安排方式，也成为新制度主义的研究对象。Cook 等人（1995）应用产权理论对合作社的产权进行了分析，认为合作社的产权制度会造成对长期项目缺少投资激励。因为合作社的产权制度对社员有搭便车的激励。传统合作社中，社员只能获得其创造的部分收益，尤其在社员资格开放的合作社中更是如此。社员不能调整自己的合作社资产组合，导致对长期项目缺少投资激励。Harris（1996）提出建立合作社股份的二级市场，通过允许合作社股份转让来提高社员的投资激励和改善资产组合。

3. 成员异质性条件下对合作社内部决策机制的探讨

成员同质性是新古典主义研究合作社的内部决策分析的一般假设。但是，随着合作社成员异质性的显现，需要建立新的内部决策分析理论，契约理论、委托—代理理论、产权理论将逐渐被运用到研究中。

Zusman（1992）根据契约理论建立了一个存在成员异质性的合作社的集体选择模型，研究了在信息不完全、不确定和参与者有限理性的前提下，合作社如何来制定规则以及如何选择集体规则，说明了在合作社中群体行为如何影响组织的效率。Hendrikse 和 Bijman（2002）继续拓展了 Hendrikse 和 Veerman（2001）在不完全的契约分析框架下生产者治理结构选择的研究，研究了在何种市场和激励组织下，生产者进行后向一体化投资是有利的，得出了在既定和可选择的投资状态下最有效率的所有权结构。

4. 合作社的委托—代理关系研究

合作社发展到 90 年代，规模已经扩大到一定程度，合作社也出现了公司化经营和专家管理的问题，由此出现了类似与一般公司的委托—代理问题。对于合作社与一般投资者所有企业中经理人的区别，Cook（1994）作出了分析，他通过研究组织形式对经理人行为的影响，认为合作社经理人履行职责更难。

一般认为，合作社中，社员是委托人，理事会是社员的代表机构，经理是代理人。Eilers 和 Hanf（1999）却打破了这个一般性假定，深入讨论了在农业营销合作社中谁是委托人、谁是代理人。他们认为，当合作社管理者向农民提供合同时，管理者是委托人，而农民是代理人；反过来，当农民向合作社提供合同时，农民是委托人，而合作社管理者是代理人。他们在此基础上，提出农业合作社中最优契约设计。

5. 对合作社制度缺陷的研究

合作社的组织效率一直是合作理论研究的热点，关于合作社的制度缺陷，西方学者研究较多。

Cook（1995）把合作社定义为"定义模糊的用户和投资者的财产集合"，分析概括了合作社存在五个方面的问题：搭便车问题、短视问题、投资组合问题、控制问题和影响成本问题。Fulton 和 Gibbings（2000）又针对这五个方面做了进一步的阐释。Borgen（2003）将 Cook（1995）提出的五个方面的问题统称为激励问题，认为有些激励问题，如搭便车、短视、资产组合与投资激励有关，有些激励问题，如控制、影响成本则与决策相关。后来，Cook 所提出的五个方面的问题得到普遍认同。

6. 对合作社发展趋势的分析

随着农业产业化的发展，一体化的加速，合作社从原则到组织结构都相应发生了很多变化。

Cook（1995）虽然指出合作社存在的制度缺陷，但同时也看到合作社所表现出的对环境的适应性，他分析了一些经济因素的变化给合作社的发展带来的有利影响，并用合作社的市场份额变化和新的合作社出现来证明合作社的生命力。如北美的第一个"新一代合作社"的制度创新集中体现在交易份额制和限制成员制，并且交易权可转让，新制度经济学对这些新特点进行了大量研究。

Fulton 和 Gibbings（2000）则归纳了现代农业的特征：一、市场更加被生产驱动，而不像过去的商品驱动。围绕纵向一体化经营，农场主由过去直接面向市场，转变为按加工企业的要求提供产品。二、生产单位的规模更大，资本密集的程度更高。三、生产的各个环节的主体独立性变小，其决策相互影响增强。四、市场风险的变化，由过去的价格和生产风险为主，转变为当事人相互关系而产生的风险即所谓关系风险和对食品安全的考虑为主。五、信息成为控制和权利的首要因素。Boehkje（1996）通过对比传统合作社和传统农业的特征以及"新一代合作社"和现代农业特征，认为，合作社的特征与其所在的农业的特征是一致的，"新一代合作社"反映了合作社通过组织创新和结构调整来适应市场环境变化。

综观西方的农业合作社理论研究，可以发现从整体来说聚焦于合作社内部问题如组织效率及制度变迁的研究，这也是40年代以来新古典经济学影响下西方对农业合作社作规范的模型研究的延续。目前国内对农民专业合作组织的经济学研究就以此为重要参照。显然，西方的合作社理论对我们研究合作社问题提供了许多可供借鉴之处，如西方对于"新一代合作社"的研究就能为我们研究农民专业合作组织的演变提供参考，但同时也必须看到，任何理论都是一定条件的产物，而今，我国发展农民专业合作组织的时代条件、制度因素等与西方国家曾经的情况差别很大，因此，研究我国的农民专业合作组织问题，可以借鉴西方经验，但首先要从我国的实际情况出发。

（二）国内文献综述

合作思想在20世纪初传入我国。从20世纪20年代起，在华洋义赈会、乡村建设派的推动下，我国就已经形成了一股农村合作运动热潮。其后，我国的农村合作运动就一直在延续。

20世纪80年代，伴随着农村经济体制改革的推进和商品经济的发展，新型农民合作组织——农民专业合作组织逐渐萌芽。20世纪90年代后期，随着市场经济的深入推进，农业产业化的快速发展，实体型农民专业合作组织逐渐发展，进入多种组织形式探索的阶段。农民专业合作组织是农业生产力快速发展（农产品出现销售困难）和推行市场经济的必然产物，也是农业现代化的客观要求。当时，随着我国农业生产力的迅猛发展，我国农产品市场格局由卖方市场开始向买方市场转变，加入WTO以后我国农业又逐步与世界接轨，农产品市场的竞争更加激烈，发展农业专业合作组织的重要性逐渐被人们认识。在此大背景下，农民专业合作组织逐渐成为理论界关注的一个热点话题。回顾改革开放以来关于农民专业合作组织的研究，大致可以划分为三个阶段：

第一阶段为 80 年代和 90 年代中期，主要研究改革开放以来农村涌现出的不同程度上具有合作性质的几类经济组织，即农村社区合作组织、农村合作基金会、农村股份合作企业和农村专业协会。但是，从研究对象来讲，这与现在的农民专业合作组织研究有着较大区别。在这一时期也出版了一些关于介绍合作经济理论的书籍（杨坚白，1989；张晓山、苑鹏，1991；徐更生，1986；米鸿才，1989）。这一时期，林毅夫 1990 年在美国《政治经济学杂志》上发表了《集体化与中国 1959—1961 年的农业危机》一文，提出了一个有关退出权的假说，在国际上引起了较大反响。林毅夫认为新中国成立后集体化运动之所以失败，是因为农民退出权的缺失，这导致了农民自主监督权的缺失，多次博弈变成一次博弈，最终造成了农民的积极性得不到提高，生产效率下降。[①]

第二阶段为 90 年代后期，随着我国实体型农民专业合作组织的快速发展，对农民专业合作组织的研究开始增多。在此阶段，除了一部分学者继续关注农村社区合作组织和农村股份合作企业之外，越来越多的学者着力论证我国农民专业合作组织发展的必要性、重要性和迫切性，同时积极讨论我国农村合作经济组织发展的道路选择，是发展社区型组织，还是专业型组织，还是同时发展。但这一阶段的讨论普遍处于较浅层次。

第三阶段为进入新世纪以来的近几年，尤其是 2006 年以来，随着农民专业合作组织在解决"三农"问题中作用日益显现，农民专业合作组织成为理论界研究的热点话题。许多学者都认为农民专业合作组织是解决"三农"问题的一项治本之策，越来越多的经济学、社会学、政治学和法学等学科的专家学者关注这一问题，产生了一大批有关农民专业合作组织研究的作品。纵观这些研究成果不难发现，它们大多数是从经济学的角度来研究新农村建设中的农民专业合作组织的，仅有少许的研究成果是从政治学的角度来展开论述的。学者们论述了成立农民专业合作组织的必要性、农民专业合作组织的运行、制度变迁等诸多方面的理论问题。具体来讲，可分为以下几类：

第一类，对农民专业合作组织的经济学研究。在农民专业合作组织研究中影响最大、数量最多的是从经济学视角对农民专业合作组织的发生机

---

① 林毅夫：《制度、技术与中国农业发展》，上海三联书店 1994 年版，第 36 页。

制、制度设计、运行状况、经济效率等所做的研究。这类研究在一定程度上学习了西方的合作社研究方法。知名学者主要有张晓山、苑鹏、黄祖辉、徐旭初、傅晨、国鲁来、夏英、孙亚范等人。张晓山、苑鹏对西方国家的合作社基本原则、西方国家合作社的发展、我国农民专业合作社的实践从经济学角度做了深入研究，发表了多篇颇有影响的文章，出版了著作《合作经济理论与中国农民合作社的实践》一书。① 徐旭初从制度经济学视角研究农民专业合作组织的制度特征、制度变迁、产权安排、治理结构等，出版了《中国农民专业合作经济组织的制度分析》一书②，对农民专业合作组织进行了较为系统的理论探讨与实证分析。夏英从多个角度分析了新型合作经济组织在我国崛起的必然性。傅晨则更多关注以广东的社区土地股份合作为主要内容的社区合作经济组织研究。

　　第二类以温铁军、贺雪峰为代表，理论与实践并重，在全国许多地方建立起了农民的经济、文化、技能培训的合作组织，促进了各地农民合作组织的发展。温铁军在中国人民大学创办的梁漱溟乡村建设中心通过对山东等地的合作社骨干进行培训，并跟踪其运行情况，比较深入地探讨了农民合作经济组织的内部发育机制，以及对新农村建设的推动作用。这类研究一定程度上延续了我国 30 年代以梁漱溟、晏阳初为代表的乡村建设派的研究。

　　第三类以于建嵘、董进才、程同顺为代表的一些学者关注农民合作组织的政治效应，研究了农民合作组织对农民参与政治的影响。中国社会科学院农村发展研究所于建嵘等人的《农民组织与新农村建设——理论与实践》一书，对这一问题做了一定探讨。2004 年起，于建嵘等人根据"新时期农民组织建设项目"的调查研究，认为当前我国大体存在三类农民组织：政治性维权组织、经济性合作组织和公益性服务组织。他们认为："三农"问题最本质的部分是农民权利缺失，而农民权利缺失的根本原因在于农民组织化程度太低，要想维护农民的权利必须建立并依靠农民自有组织。③ 浙江财经学院董进才通过对浙江、湖南、河北、山东等省农

---

① 张晓山、苑鹏：《合作经济理论与中国农民合作社的实践》，首都经济贸易大学出版社2009 年版。

② 徐旭初：《中国农民专业合作经济组织的制度分析》，经济科学出版社 2005 年版。

③ 于建嵘、翁鸣、陆雷等：《农民组织与新农村建设——理论与实践》，中国农业出版社2007 年版，第 9 页。

民专业合作社非经济功能的实地调研，得出结论：专业合作社发展壮大后，同样有着参与政治的内在要求，作用不再局限于经济领域，已经开始向政治领域渗透。通过对三类浙江省级示范农民专业合作社农民的政治认知、政治态度、参与动机、参与方式等调查，发现专业合作社发展水平越高，农民的政治参与意识越浓厚、参与能力越强。① 程同顺等学者在《农民组织与政治发展再论中国农民的组织化》一书中，从农民组织化的角度，运用现代政治学和社会学理论，比较全面系统地探讨了国内外农村民间性组织对政治发展的影响。② 从国外经验来看，国外的很多农民合作经济组织，如欧洲、美国的农民（农场主）合作社，以及日本、韩国的综合农协，都不仅具有强大的经济功能，还是政坛上一股独立的政治力量，这些组织往往通过游说、游行示威、控制选票等各种方式参与国家政治，提出自己的政治主张，甚至推举出一定数量的议员代表去影响政府决策。农民合作经济组织可以在很大程度上成为农场主、农民的政治利益代言人。但是，目前关于我国的农民合作组织的政治功能问题仅有上述学者为代表的极少数学者在做研究，而针对农民专业合作组织的政治功能做研究的更是只有董进才教授等人，这显然是当前国内关于农民专业合作组织研究中的一个相当重要却基本空白的领域，具有很大的发展前景。

第四类，对农民专业合作组织与新农村建设的关系做研究。目前，也有一些学者关注农民专业合作组织与新农村建设的关系，论述了新农村建设中农民专业合作组织的作用③，其中又有些探讨了农民专业合作组织与乡村治理的关系④，但是，总体来说，这类文章数量很少，发表在核心刊物以上的作品更是少之又少。而且这些探讨目前还停留在较浅层次。著作方面，更是空白，目前尚无较深入而全面地探讨农民专业合作组织与新农村建设关系的专著。因此，这一领域也是目前关于新农村建设研究和农民专业合作组织研究的一个相对空白领域。

---

① 董进才：《专业合作社农民政治参与状况分析——基于浙江省示范合作社的调查》，《农业经济问题》2009 年第 9 期。

② 程同顺等：《农民组织与政治发展再论中国农民的组织化》，天津人民出版社 2006 年版。

③ 参见尹成杰《发展农民专业合作组织，推进社会主义新农村建设》，《农村经营管理》2006 年第 9 期；程同顺《农民合作经济组织与社会主义新农村建设》，《河北学刊》2006 年第 3 期；邱贵明《新农村建设与农民专业合作经济组织》，《江西广播电视大学学报》2008 年第 1 期。

④ 参见苗月霞《新型农民合作经济组织与乡村治理》，《武陵学刊》2010 年第 6 期。

三　研究思路与方法

(一) 研究思路

本书着眼于新农村建设，探讨了农民专业合作组织在新农村建设中的作用机制、历史演进、发展现状、存在问题与完善途径。首先，本书梳理了农民专业合作组织的相关理论，明确了我国农民专业合作组织的内涵、形式、原则、本质。其次，本书从新农村建设的大背景出发，着眼于新农村建设，探讨了农民专业合作组织在新农村建设中的作用机制，论证了农民专业合作组织对于推进社会主义新农村建设的重要作用，提出农民专业合作组织是实现农业经营体制创新的新形式，是建设现代农业的重要组织，是促进农民增收的有效手段，是营造文明乡风的内在动力，是完善乡村治理的参与主体，还是发挥农民主体性、推进以农民为主体的新农村建设的重要载体。再次，本书回顾了农民合作组织在我国的发展历程，揭示了农民专业合作组织产生的历史渊源，以及当前农民专业合作组织与我国历史上的农民合作组织的区别与联系。最后，在此基础上，本书分析了农民专业合作组织的发展现状，以及新农村建设中发展农民专业合作组织面临的制约因素，并据此提出了新农村建设中农民专业合作组织的完善措施。

(二) 研究方法

在研究方法方面，本书综合运用了以下四种研究方法：

首先是文献研究法。本书参阅了包括马克思主义经典作家作品在内的大量文献，特别参阅了其他学者对农民专业合作组织所做的实证研究结果，在他人已有理论及实践研究的基础上对新农村建设条件下的农民专业合作组织做了较深入的分析、探讨。

第二是比较分析法。本书以比较分析作为一个重要方法，文章多处运用比较分析法，通过对已有文献、已有调查结果、笔者实地考察结果、农民合作组织发展的历史变迁、发展现状、运行机制、发达国家与我国的对比等诸多方面的对比，最后得出文章的具体观点。

第三是系统分析法。农民专业合作组织在新农村建设中的作用机制、制度演进、发生机制、发展现状、制度运行、基本模式、主要问题、完善措施等方面，无论是从每个方面的内部诸因素关系来看，还是从各方面的相互影响关系来看，都不是一个可以孤立对待的问题，必须对其做系统分析，才能找到其内在本质。

第四是调查研究法。为完成本书，笔者在近年内先后考察了多处农村和多个农民专业合作组织。笔者考察了甘肃张掖市民乐县、甘州区以及甘肃省西和县、临洮县的新农村建设情况，考察了天水市麦积区的花牛村花牛苹果协会、朱家后川村农家乐协会，永登的秦丰红提合作社、兴农玫瑰专业合作社，考察了北京市平谷区的益达丰果蔬产销专业合作社、荣涛豌豆产销专业合作社，通过实地考察，形成了关于新农村建设中农民专业合作组织的感性认识。

第一章 农民专业合作组织的相关基本理论

第一节 西方经济学中的合作社理论

合作制度是西方工业革命的产物。19世纪中叶，工业革命在欧洲基本完成。随着工业革命的完成，资本和劳动的对立出现了。大量雇佣劳动者除了自己的劳动力之外一无所有，过着难以为继的生活。这种状况引发了许多理想主义学者对资本主义经济制度的批判。为改变或改良资本主义制度，抵制资本对雇佣工人的剥削，合作思想在西欧萌芽。17—18世纪的资产阶级启蒙运动奠定了西方合作运动的思想基础，以欧文为代表的空想社会主义的合作理论与实践开辟了合作运动的先河，而由工业革命所确立的市场经济在资本主义经济中的统治地位，最终使合作制度由理想成为现实。

从19世纪初产生空想社会主义合作思想开始，西方合作经济理论的发展至今已经历了200年的历史，这其中又可以分为四个阶段：第一阶段为19世纪，合作思想产生时期；第二阶段为20世纪初期，合作思想的分化时期；第三阶段为20世纪40年代起，新古典经济学影响下模型研究兴起时期；第四阶段为20世纪90年代至今，新制度经济学影响下合作经济理论的发展时期。

一 19世纪合作思想的产生

合作经济理论最早源于空想社会主义。经过18世纪英国的工业革命和法国的资产阶级大革命，资本主义经济飞速发展，阶级分化加剧。到19世纪初期，阶级矛盾日益尖锐，工人运动风起云涌，早期的各种合作思想流派先后形成，如空想社会主义学派、基督教社会主义学派、国家社会主义学派等。其中最重要的是空想社会主义学派。空想社会主义者傅立叶和欧文等抨击了原始积累时期资本主义制度的种种弊端，提出了改造资本主义制度的种种构想，合作经济思想就是其中之一。欧文和傅立叶被认为是世界合作运动的先驱，他们关于合作经济的思想为后来西方与马克思主义的合作经济理论的发展奠定了基础。

罗伯特·欧文（Robert Owen，1771—1858），英国空想社会主义者。1819 年，他在《致拉纳克郡的报告》中提出了建立共产主义劳动公社的方案，认为这种基于劳动者合作的组织是实现共产主义的最好途径和组织形式。他提出改革农业生产耕作制度，详尽规划了理想社会的农业协作社，如人数、土地面积、衣食住行等，主张在公有制基础上实行有计划的集体农业生产，同时兼营工业；公社实行义务劳动，每个成员必须劳动，每个人在农业上和工业上尽可能多地调换工种，训练青年从事尽可能全面的技术活动，因此，在劳动公社里，旧的分工制度将消灭。这将促进生产力的无限发展，产品将极大地增加。欧文认为，公社由于在统一计划下组织生产和发展经济，也就将根除一切混乱和无政府状态，将永远摆脱经济危机。

欧文认为，合作社是理想社会的基层组织，是"全新的人类社会组织的细胞"。在晚年著作《新世界道德书》中，欧文对合作社做了更完整充分的论述，如财产公有，按需分配；如民主管理，在欧文组建的"新和谐公社"中，最高权力机关是社员大会，社员大会选举产生公社管理人员，并组成理事会担任管理工作；又如脑力劳动和体力劳动相结合。其中许多重要观点，如财产公有、按需分配、管理民主、工农结合、脑体结合等都对后世产生过重大影响。

欧文还在美国和英国根据自己的理论进行了建立和谐公社的实验，虽然都以失败告终，但对推动世界合作运动的发展作出了重要贡献，马克思曾评价道，"我们说的是合作运动，特别是由少数勇敢的'手'独力创办起来的合作工厂。对这些伟大的社会试验的意义不论给予多么高的估计都是不过分的""在英国，合作制的种子是由罗伯特·欧文播下的"①。

傅立叶（Forier，1772—1837），19 世纪法国空想社会主义者。在批判资本主义的基础上，他构想出未来的理想社会"和谐制度"，其基层组织称为"法郎吉"。在其著作《经济的和协作的新世界》中，他提出了对

---

① 《马克思恩格斯选集》第 2 卷，人民出版社 1995 年版，第 605—606 页。

于建立农业协会（即农业合作组织）是人类历史发展的必然，农业协会的建立必须有科学规划，农业合作必须与自然相适应。实行科学分工、建立有效的劳动及激励机制，农业协会应当有自己的商业，建立粮食储备等。

欧文和傅立叶的思想对后来的合作运动产生了深远影响。西方国家的合作思想与马克思主义的合作思想都深受其影响。

早期合作思想的源头还有基督教社会主义学派，其主要代表人物是英国的威廉·金（William King）和法国的菲利普·毕舍（Philippe Buchez）。他们认为合作社所提倡的互相帮助、人人友爱精神与基督教精神是完全一致的，他们认为劳动者通过组织合作社集体占有生产资料，自己生产，自己销售，可以避免劳动成果过多地被资本家占有，从而摆脱资本家的剥削。

早期合作思想流派中的国家社会主义学派的代表人物是路易·布朗（Louis Blance）。他提出在国家支持下建立"合作工场"，由工人自己管理，共同生产。在"合作工场"之间建立联合协作关系，使整个工业部门成为合作社的工业，以此克服经济危机和失业现象。

在这一时期，世界上第一个消费合作社——罗奇代尔公平先锋社于1844年在英国小镇罗奇代尔成立。此后，消费合作运动在英国及欧洲大陆流行开来，但是，由于其改良而非革命的性质，这场运动并未真正与19世纪的工人运动合为一体。

二　20世纪初期合作思想的分化与发展

到了20世纪，西方合作思想开始分化。在19世纪思想纷争的基础上，合作思想发展为两大流派：现实改革派与资本主义进化派。

（一）现实改革派

现实改革派往往对资本主义持批判态度，认为合作制度是对资本主义制度的改革，最终目标是以合作制度改造资本主义。这一流派又可以分为社会主义学派和合作联邦学派。其中，社会主义学派是空想社会主义者欧文、傅立叶等的合作经济思想的进一步发展，其理论的主要内容就是把合作经济组织当作改造资本主义、建设新社会的有效途径。他们认为社会主义是合作运动的最终目标。合作联邦学派也认为合作制度应该是社会中起支配作用的经济体制，但是，他们并不认为合作是为了达到某一体制，合作本身就是目的，另外，与社会主义学派不同，他们认为要保留财产私有。

（二）资本主义进化派

资本主义进化派与现实改革派最大的区别在于他们并不认为合作制度是资本主义的异己之物，也不认为合作制度是对资本主义的改革，他们认为合作是资本主义体系的一部分，是资本主义的自我进化，因此，其最终主张是发展合作，以完善资本主义体制。对合作社的纯粹经济学的研究始于这一学派。这一学派又可以分为萨皮罗学派和竞争标尺学派。

萨皮罗学派以美国人艾伦·萨皮罗（Aaron Sapiro）为代表。20 世纪 20 年代，美国农业长期徘徊，律师艾伦·萨皮罗提出农业经营的合法垄断权思想。他提出按照不同的农产品种类，建立专业销售合作组织，由此来统一销售，从而帮助农场主占据较大的市场份额，提高市场谈判地位，使其在市场上成为支配因素，实现合法垄断；还可以通过内部的组织协调，实现有序销售以避免同时上市带来的经济损失。此外，关于合作组织的运营，他认为，合作组织应实行民主管理，聘用专家管理合作组织的运营，农场主则主抓生产；合作组织要与成员签订强制性、长期性合同，这样才能保障合法垄断的实现。他的主张有助于为农业生产者创造一个有利的贸易条件，有助于保护农业生产者的利益。萨皮罗的思想后来在美国 1922 年通过的《卡帕—沃尔斯蒂德法》（Capper-Volstead Act）中得到了体现，这部法律最终给予了农场主合作社一定的合法垄断权。1926 年的营销合作社法案（Cooperative Marketing Act）和 1937 年的农业营销协议法案（Agricultural Marketing Agreements Act）也对此有所反映。[①]

竞争标尺学派以美国人诺斯（E. G. Nourse）为代表。他们把合作作为标尺衡量资本主义体系的功效，以合作来抑制资本主义的阴暗面。他们认为，合作社有助于引进市场体系下无法供给的服务，有助于降低生产服务的价格，有助于提高产品销售价格。但他们反对农业垄断，主张通过建立合作社来加强市场的均势。他们认为资本主义过于强调竞争和逐利，不利于社会正义，合作社可以迫使那些追逐利润的企业受到一定的约束，从而减少资本主义制度的弊端，完善资本主义的竞争机制。此外，诺斯认

---

① 刘勇：《西方农业合作社理论文献综述》，《华南农业大学学报》（社会科学版）2009 年第 4 期。

为，自下而上建立合作社有利于实现成员之间的权力平衡，提高组织凝聚力。政府需要为合作社的组建和经营提供必需的法律保障，但不应干预合作社运营。诺斯的理论为西方国家的政府扶持合作社发展提供了一定的理论基础。

这两派理论比较来说，萨皮罗学派更注重通过组织生产者一致行动，最大限度地实现农业生产者的利益，而竞争标尺学派更注重维护市场的公平秩序。两派在对合作社地位的认识上差别较大：萨皮罗学派认为合作社是资本主义体系的一部分，是企业活动的一种合法形式；而竞争标尺学派认为合作社只是资本主义经济体系中一个次要角色，追逐利润的私人企业才是主角。

三　20世纪40年代起，新古典经济学影响下合作社模型研究的开始

20世纪40年代，在新古典主义经济学的影响下，西方对合作社的研究逐渐从关注合作社在宏观经济中的公共协调作用以及外部经济效应，向解决合作社组织的内部问题（如结构和关系）转移。具体来说，这一时期的合作经济理论表现为建立合作社内部研究的微观模型。西方规范的合作经济理论由此开始。

在20世纪40年代以后的40年里，以新古典经济学作为分析工具，西方学者对合作社进行了均衡分析和边际分析，形成了三种不同的合作社理论流派：一是以埃米里扬诺夫（Emelianoff）和菲利浦斯（Phillips）等为代表的流派，视合作社为垂直一体化的一种形式，即"农场的延伸"，是独立的农场主的不完全联合；二是以恩克（Enke）、Helmberger和Hoos等为代表的流派，把合作社视为企业，是投资者所有企业的一种，即"作为企业的合作社"；三是以Staatz为代表的流派，认为合作社是通过集体或协作的方式运行的企业之间的联盟，即"作为联盟的合作社"。

埃米里扬诺夫是第一个把合作社作为一种纵向一体化形式的学者。他把合作社看作是农场的延伸，是独立的农场主的不完全联合。在他的理论模型中，合作社本身不是一个独立的赢利性组织，即不是企业性质，而是农场主为了从纵向协调中获益的一种联合行动，是一个以成员为委托人的代理组织。他认为合作社的成员是委托人，合作社是代理机构，理事会是机构的代表，拥有管理职能。此外，社员控制合作社事务意味着合作社企业家是不存在的。根据Emelianoff-Robotka的垂直一体化框架，菲利浦斯

（1953）运用边际理论建立了一个在垂直一体化框架下合作社产出和价格决策模型，推导出基于社员利益最大化的合作社目标函数的最大值。即通过让社员与合作社的边际成本之和等于合作社的边际收益方式，可以实现每个社员的利润最大化。他指出社员的决策原则就是使边际成本总和等于合作社的边际收益，使社员的贡献与得到的收益成正比。但 Emelianoff、Robotka 和 Phillips 的模型中暗含着的古诺—纳什均衡假设成为其理论的致命弱点。但是，他们的模型指出了委托代理关系在合作社中的重要性，从而凸显了"合作社使谁受益"这个问题的重要性。

恩克（Enke）是第一个把合作社作为企业来研究的学者，1945 年他发表了有关消费合作社的论著，将消费合作社作为一种企业进行模型研究，该分析也可用于供给合作社的模型研究。恩克认为，合作社是一个企业，为了应对竞争者的报复性定价，并实现对社员按惠顾额返利，合作社应该像一般企业一样追求利润最大化。当合作社的生产者剩余和成员消费者剩余之和达到最大化时，合作社的内部成员的福利及外部社会福利也将达到最大化。他还认为，合作社需要一个等级制的决策者或协调者，类似于投资者所有企业中的总经理。但恩克的模型无法解释作为多目标组织的合作社，如果追求利润最大化，其他目标如何与之协调。

Helmberger 和 Hoos 继续发展了 Enke 的理论，他们在 1962 年分析了 Enke 的文献，并转换他的逻辑建立了一个运销合作社模型，在这个模型中，合作社通过对成员按惠顾额返利，使其单位产品价值或平均价格最大化。模型还分析了合作社成员数目与收益的关系。通过短期和长期决策分析，Helmberger 和 Hoos 的模型揭示了合作社可以通过限制新成员加入来实现对现有成员的潜在激励。模型假定有一个"最高协调者"负责合作社的运作，在收益递减的情况下，如果管理者试图通过吸收新成员来扩大业务，将会减少现有成员的收入。合作社现有成员因此有限制新成员加入的潜在动机，合作社也因而可以通过控制成员数量规模来实现对现有成员的潜在激励。

Helmberger 还分析了不同的市场条件下合作社对市场均衡的影响。他认为，在一个完全竞争的市场中，原材料自由供给的行业将其产品出售给同样完全竞争的加工业，合作社可能会导致市场在短期内偏离均衡，长期内则没有影响。如果市场上存在买方垄断，产品必须出售给唯一的加工企业，合作社的存在就会减少市场对完全竞争均衡的偏离。

"作为企业的合作社"学派的研究曾在 20 世纪 60—70 年代盛行北美。但是，在已知净收入函数、价格接受、零盈余目标函数的假设下，他们提出的理论模型中始终存在无法达到均衡状态的致命弱点。

新古典经济学影响下的合作社理论建立了看似严谨的瓦尔拉斯的一般均衡模型，但这些分析是在一系列严格的假设前提下建立的，其核心思想是成员是同质的，市场是完全竞争市场，交易费用为零，市场价格机制会引导资源自动配置到最佳状态。但是，这些假设前提在现实中很难完全具备，因此，新古典理论模型也就无法对现实中复杂的经济现象给出令人信服的解释。实现"均衡"假设的非现实性也促使一些来自欧洲的学者如 Kaarlehto 和 Trifon 等在研究中引入了成员的异质性这一概念，基于成员异质性而在合作社中产生的冲突导致了内部讨价还价并建立联盟的必要，讨价还价成为集体行动的一个完整部分，从而形成了"作为联盟的合作社"学派的理论。而且，这一理论还随着博弈论的引入发展成为 90 年代以后合作社研究的一个重要流派。

四 20 世纪 90 年代以来新制度经济学影响下合作社理论的新发展①

20 世纪 60 年代以后，交易费用理论、产权理论、委托代理理论、博弈论等以新制度经济学为主的大量新理论、新方法不断涌现，这些新方法也逐渐被引入合作经济理论领域。90 年代以来，新制度经济学成为研究合作社内部的组织效率及制度变迁问题的主流分析工具。受此影响，90 年代以后合作经济理论研究逐渐分为三个流派："作为一种企业的合作社"理论；"联盟"理论；合作社是一种"契约的联结"理论。特别是将农业合作社视为契约的联结的观点受到了更多重视。该理论认为农业合作社的利益相关者之间的关系是契约关系。契约理论实质上是代理理论、交易成本理论和不完全契约理论的混合体，这些理论都认为农业合作社是契约的联结。以博弈论为基础的理论则把农业合作社视为农场主以集体或联合行动追求效用最大化的"联盟"。随着成员异质性问题日益突出，"契约"理论和"联盟"理论的应用越来越普遍，这是农业合作社理论研究发展的新热点。

---

① 参见 Michael Cook, Fabio Chaddad, Constantine Ilipoulos, "Advances in Cooperative Theory since 1990: A Review of Agricultural Economics Literature", in George W. J. Hendrikse, *Restructuring Agricultural Cooperatives*, 2004, p. 65-90。

（一）"作为一种企业的合作社"理论的发展

20世纪90年代，学者们在坚持合作社是一个独立企业，追求单一目标功能的最大化的基础上，对之前的理论研究做了新的发展。

20世纪40年代的营销合作社模型在分析合作社价格行为时往往不考虑其周围关系，将其假设为一个买方完全垄断的加工商，Sexton正式研究了在买方寡头垄断市场下，合作社发挥市场竞争标尺效应（Yardstick Effect）的条件和重要性。他利用新古典理论构建了一个用以描述农业营销产业空间竞争的模型，认为遵循边际净收益产品定价行为准则的合作社的竞争效应小于同规模但遵循平均净收益产品定价行为准则的合作社。Sexton阐明了在这样一个市场结构下，实行开放社员制度的合作社起到的促进竞争的作用。这也就是说，政府为促进竞争应该支持实行社员资格开放制度的合作社。但他的理论并未说明实行限制社员资格制度的合作社是否具有类似作用。

Feinerman与Falkovitz（1991）则构造了一个生产者和消费者的服务都由合作社提供，社员的生产决策与消费行为也是同时确定的条件。在给定具有代表性社员的效用函数情况下，该类型合作社的目标就是使社员的总福利最大化，例如以色列的莫沙夫。这一模型假定合作社社员具有同质性，通过解决限定条件下如何使社员效用最大化这一问题，他们推导得出了达到帕累托最优的必要条件，通过制定一套合理的价格和税收组合方案，合作社运作可指导有代表性社员的行为以达到帕累托最优层次。Choi和Feinerman（1993）分析研究了社员异质性对于合作社服务的帕累托最优定价规则的影响，拓展了Feinerman与Falkovitz对以色列莫沙夫的新古典分析。

Royer与Bhuyan（1995）利用新古典理论分析了投资者导向型企业和农业营销合作社，在营销链中进行前向一体化扩展至下游加工阶段活动中共同面对的激励，以及这些激励对于这种活动的影响。他们认为主动式合作社为与产品加工阶段相融合而进行前向一体化的过程中受到强激励，因为这种垂直性产业一体化可以使其在特定的加工后产品市场上获得垄断利润；行为上更接近于竞争性企业的被动式合作社则缺乏向下游产业扩张的激励。他们通过分析解释了合作社垂直性产业一体化运作背后的市场力量，补充了交易成本理论以及不完全契约理论。

Tennbakk在比较农业合作社和公共公司时，对两者各自的总社会福利政策和分配效应政策进行了分析，Tennbakk 认为合作社并不是达到有效市场的唯一的公共政策工具，从社会福利最大化的角度来讲，国有化比存在合作社的混合市场结构更具优势。

Albaek 和 Schultz（1998）利用标准产业组织理论构建了在古诺双头垄断条件下合作社与投资者导向型企业的竞争模型。推导出了在何种条件下合作社将获得非常高的市场份额，并将投资者导向型企业挤出市场。早先在买方垄断市场下对合作社企业行为的模型假设，合作社可以最大化其社员的利润。这个理论帮助我们理解为何合作社在与以利润最大化为目标的企业的竞争中能够如此成功。

（二）"作为联盟的合作社"理论的发展

20 世纪 90 年代以来，"联盟"理论学派的研究取得了重要进展，他们承认了合作社组织内部的异质性，以博弈论为分析方法，使"联盟"理论获得了全新的发展。

Zusman（1992）利用契约理论构建了合作社企业内部制定集体抉择规则的模型，分析了合作社在信息不完全、不确定性、有限理性以及议价成本控制等条件下如何选择和制定其章程与集体抉择规则。

Zusman 与 Rausser（1994）构建了一个博弈模型，用以描述集体行动组织中各方参与者进行议价的情形。他们将一个集体行动组织视为一个 n+1 人的议价博弈，演绎出一个可以反映社会力量和各种不同利益群体影响的合作社解决问题的方案。早期的合作社决策议价模型将集体决策过程视为一种 n 人参与的囚徒困境，当参与者众多时这项博弈只能获得次优的结果。与这些模型不同的是，Zusman 与 Rausser 超越了囚徒困境，将合作社描述为一种车轮式结构，他们将合作社集体决策过程定义为一种由中央与 n 名外围参与者组成的 n+1 人的议价博弈，这一博弈中，中央与外围参与者起着同样重要的作用。Zusman 与 Rausser 的理论认为，集体行动的效率在很大程度上取决于各种不同社员集团的相对议价能力以及中央决策者的决策限度。

Fulton 和 Vercammen（1995）研究了在社员异质性的情况下，采用简单非一致性定价计划可能的稳定均衡状态及分配效应，增进了学界对农业合作社中非一致性定价计划影响力的理解，阐明了非一致性定价计划是如何减少因一致性定价规则可能带来的经济无效。

Albaek 和 Schultz（1997）运用新古典微观经济理论和投票理论构建

了一个投资程式化模型，以研究农业营销合作社中的投资决策。推导出了使农业营销合作社作出有效率投资决策的投票方法和成本分摊规则，拓展了以往研究合作社投票行为和成本分摊实践方面的理论工作。分析结果表明，一人一票的民主投票方式并不与效率相抵触，也不会扭曲营销型合作社的投资决策。他们解决了在何种投票方式和成本分摊规则下，营销合作社可以达到有效率决策的问题。当社员对于一项投资的成本分摊独立于生产之外时，合作社的投资是否有效率将取决于所实行的成本分摊规则、投票方式以及农民的业务规模比例。根据作者的分析，在不考虑投票方式的情况下，根据各社员的业务规模大小按比例进行成本分摊的方式是最有效率的，除非该项投资的规模相对于合作社的总收益而言很小，否则，使用留存收益对一项投资进行融资的方式会导致效率扭曲。

Bourgeon 与 Chambers（1999）构建了用以描述信息不对称条件下合作社定价成本效率和议价行为的双阶段博弈模型，推导出了社员具有异质性的农业营销型合作社应采用的定价规则，在农业营销型合作社的组织设计上提出了一些建议，即在合作社的社员存在异质性的情况下，应选择相应的组织和管理结构以解决异质性所致的无效性。

（三）合作社是一系列契约集合的理论

20 世纪 90 年代，关于合作社的研究还产生了一种新的理论，即将合作社视为合同契约的集合。合同契约理论实质上是代理理论分析、交易成本经济学和产权不完全契约理论的松散协调体，这些理论的共同点在于其契约性。

Eilers 和 Hanf（1999）探讨了农业合作社中最优契约设计这一问题。他利用委托—代理理论推导得出经理人作为委托人或是代理人且向农民提供契约；农民作为委托人或是代理人向合作社提供契约，得出了有关在不同情形和合作社激励下，合作社委托人获益最多的假设命题。他们的研究运用了机会行为、利益冲突、信息不对称及随机条件等概念，认为委托—代理理论是分析合作社激励问题的一项有用的工具。

Hendrikse 与 Veerman（2001）运用不完全契约理论的产权形式研究了何种治理形式最能使社员得到投资收益；运用非合作博弈论方法，研究了治理选择和投资决策问题；还运用交易成本理论，研究了农业营销型合作社中投资限制和控制限制之间的关系，得出了一些重要结论。

Hendrikse 和 Bijman（2002）则探讨了生产者治理结构的选择问题，

他们运用产权不完全契约理论，分析了在多层级的链条下，产权结构对于投资的影响，推导出了在何种市场和激励结构下，生产者通过自我投资与下游产业一体化可以带来更多收益。

回顾20世纪90年代以来的合作社理论，可以得出以下结论：首先，联盟理论和契约联结理论在农业合作社理论中的运用发展速度很快。联盟理论逐渐成为研究传统型集体行动组织中日益明显的异质性的主要研究方法。在联盟理论和合同契约理论盛行的情形下，公共政策导向型的企业分析和新古典理论的模型研究趋于下降。其次，成员异质性成为一个研究的重要主题。90年代以来的三种流派都涉及了异质性问题，提出了许多与异质性相关的问题的解决方案。再次，对治理结构的相关研究更为关注。交易成本理论、不完全契约理论、代理理论以及博弈论方法的出现为研究提供了更多思路。最后，委托人问题研究日益重要。

五　小结

通过现有文献，对于西方农业合作社实践与理论的发展可以得出以下结论：第一，西方发达国家的农业合作社理论经历了近一百年的经济学研究后，已经发展到一个较高的阶段。第二，随着时代的发展，成员异质性已成为突出问题，为适应新的形势，经典的合作社制度及其理论研究正在发生深刻改变。

研究西方的农业合作社理论对我国的意义在于：首先，西方农业合作社的制度演变超前于我国，这为我国研究农民专业合作组织的未来可能的方向提供了一种现实参照；其次，西方研究的理论工具和研究主题的全面深入，为我们深入研究农民专业合作组织的运行机制提供了重要的理论参考。当然，对于西方的农业合作社理论，一要看到其研究局限性；二要看到在全球化冲击下，我国现在发展农民专业合作组织与西方国家时代形势的不同，因此，我们需要从我国面临的实际情况出发，借鉴西方的合作社理论，发展中国特色社会主义的农民合作社理论。

第二节　马克思主义的农民合作理论

一　马克思、恩格斯的农民合作理论

欧洲19世纪初期的空想社会主义合作思想是马克思主义合作思想的

重要来源。在科学扬弃欧文、傅立叶等空想社会主义者的合作思想的基础上，马克思、恩格斯提出了马克思主义的农民合作理论。马克思、恩格斯认为，农民问题是无产阶级革命的同盟军问题，如果无产阶级不能把农民吸引到自己的方面来，要取得革命和社会建设的胜利是不可能的。怎样才能把农民吸引到自己这方面来呢？马克思、恩格斯提出通过建立合作社引导农民实现从私有制向共产主义的过渡。

19世纪70年代以前，马克思在总结巴黎公社的经验和反对巴枯宁的斗争中，阐述了合作社理论。根据英国工业革命迅猛发展并不断排挤小农的现实，马克思曾预言传统的小农生产方式必将被以雇佣劳动为特征的资本主义大农业所代替。对这一点，恩格斯后来也在《法德农民问题》中指出："资本主义的大生产将把他们（笔者注：此处指小农）那无力的过时的小生产压碎，正如火车把独轮手推车压碎一样是毫无问题的。"① 马克思认为，小农土地私有制必然要灭亡，希望永久保存小农是不可能的。那么怎样实现从私有制向公有制的过渡呢？他指出，在无产阶级夺取政权之后，"一开始就应该促进土地私有制向集体所有制的过渡……但是不能采取得罪农民的措施，例如宣布废除继承权或废除农民所有权"②。

这种过渡的经济道路是什么呢？马克思逝世之后，恩格斯继续在思考这一问题，在给倍倍尔的信中恩格斯提出在向完全的共产主义经济过渡时，大规模地采用合作生产作为中间环节。随着资本主义发展不平衡的加剧以及工人运动在欧洲大陆的兴起，恩格斯逐渐认识到，即使无产阶级革命取得胜利，传统的小农生产方式在一段历史时期内仍将会存在，他由此提出通过发展"合作社"来改造传统的小农经济、将传统的小农经济引导到集体经济发展道路上的设想。在《法德农民问题》中，恩格斯系统地阐明了通过合作社如何实现从私有制向公有制的过渡问题。恩格斯指出："我们对于小农的任务，首先是把他们的私人生产和私人占有变为合作社的生产和占有，但不是采用暴力，而是通过示范和为此提供社会帮助。"③ 在这里合作社作为中间环节，仅对生产资料有"占有"权，农民还保留着私有权，保留着继承权和所有权，还要实行"按入股土地、预

---

① 《马克思恩格斯选集》第4卷，人民出版社1995年版，第501页。

② 《马克思恩格斯选集》第3卷，人民出版社1995年版，第287页。

③ 《马克思恩格斯选集》第4卷，人民出版社1995年版，第498—499页。

付资金和所出劳力的比例分配收入"①。可见这时的合作社还不是完全的社会主义性质的，只能说是半社会主义的。但这样既容易为农民所接受，又可以逐步解决农民土地私有制对发展生产的障碍。

恩格斯提出的建立半社会主义合作社的思想比较符合小农的实际情况。作为小块土地的私有者，小农思想有保守的一面。在没有十分把握的情况下，小农通常不肯在财产上冒任何风险。因此，要把他们组织起来，必须不触犯他们的私有财产，要用一种能把他们的私人利益和公共利益、目前利益和长远利益结合起来的组织形式，而这种组织形式就是合作社。

同时，小农又是劳动者，是朴素的唯物主义者，他们最讲求实效，没亲眼看到合作社的好处之前，不管你说得多么好听，他们也不会相信的。因此，必须经过示范，使他们看到联合起来规模生产的优越性，他们才会自愿加入合作社。如何搞好示范呢？恩格斯认为先以初级形式组织起来，实行大规模经营。这种初级形式尽管只有简单协作，仍然可以节约许多劳动力。"劳动的这种节省也就是大规模经营的主要优点之一"②，节约出来的劳动力就能从事副业生产，发展合作社。通过示范作用，使农民认识到合作是他们的根本利益，从而逐渐地把初级形式的合作社"转变为更高级的形式，使整个合作社及其各个社员的权利和义务跟整个社会其他部门的权利和义务处于平等的地位"③。

要更好地发挥示范作用，还离不开"社会帮助"。社会怎样帮助呢？恩格斯认为，要帮助合作社解放出来的劳动力找到工作，"或者从邻近的田庄中另拨出一些田地给农民合作社支配，或者给这些农民以资金和可能性去从事副业，尽可能并且主要是为了他们自己的消费"④。或者给合作社更大的便利，如低贷款、提供机器、人工肥料等。恩格斯认为在农业改革中"为了农民的利益而必须牺牲一些社会资金"⑤"因为这种物质牺牲可能使花在整个社会改造上的费用节省十分之九"⑥。因此，要"很慷慨

---

① 《马克思恩格斯选集》第 4 卷，人民出版社 1995 年版，第 499 页。

② 同上。

③ 同上。

④ 同上。

⑤ 同上书，第 500—501 页。

⑥ 同上书，第 501 页。

地对待农民"①。

通过示范和社会帮助是否就能使农民加入合作社呢？恩格斯认为还要"等待""自愿"，不能操之过急。"如果他们还不能下这个决心，那就甚至给他们一些时间，让他们在自己的小块土地上考虑考虑这个问题"②。当然不能一直等下去，等到"最后一个小手工业者和最后一个小农都变成资本主义大生产的牺牲品以后，再来实现这个改造"③。那时，资本主义生产发展的后果到处都以极端形式表现出来，小农彻底破产。小农要想避免走向灭亡，只有使他的生产方式变成合作社占有和合作社生产，使农民不是为资本家创造利益，而是为他们自己创造共同利益，自己进行大规模经营，恩格斯认为，这是挽救小农的唯一途径。他指出"正是以个人占有为条件的个体经济，使农民走向灭亡"④。

对于中农和大农，恩格斯认为也要联合成合作社。恩格斯指出：对于中农和大农"也将拒绝实行暴力的剥夺""建议把各个农户联合为合作社，以便在这种合作社内愈来愈多地清除对雇佣劳动的剥削。"⑤"只有对于大土地占有者，事情才十分简单""我们的党一掌握了国家权力，就应该干脆地剥夺大土地占有者"⑥，使其土地归社会所有。"在社会监督下，转交给现在就已耕种着这些土地并将组织成合作社的农业工人使用。"⑦

总之，恩格斯认为，通过合作社形式，使农民的私人生产和占有向社会的生产和占有过渡，然后逐渐把农民合作社转变为更高级的形式，使整个合作社极其个别社员的权利和义务跟整个社会其他部分的权利和义务处于平等的地位。恩格斯的合作社理论不仅发展了马克思关于集体所有制学说，而且为社会主义国家解决农民问题指明了方向。

二　列宁的农民合作理论

列宁继承和发展了马克思、恩格斯的合作社理论。在十月革命前，列

---

① 《马克思恩格斯选集》第 4 卷，人民出版社 1995 年版，第 501 页。

② 同上书，第 500 页。

③ 同上。

④ 同上。

⑤ 同上书，第 503 页。

⑥ 同上。

⑦ 同上。

宁认为"在商品经济和资本主义存在的条件下，小农经济是不能使人类摆脱群众的贫困的"。要摆脱贫困必须实行共耕制度，没有共耕制，就无法使土地归全体劳动者所有。因此，十月革命后苏维埃政权，提出了"要为共耕制而斗争"，并提出"用减少个体经济的办法来发展在节省劳动和产品意义上来说是更有利的集体经济，以便过渡到社会主义经济"。然而通过共耕制改造小农是一件困难的事情，因为"由个体小农经济转变到共耕制是涉及生活习惯的深厚根基的、千百万人生活上的大转变，只有经过长期的努力才能办到，只有现实迫使人们非改变自己生活不可的时候，这种转变一般才是能够实现的"。由于苏维埃尚未建立消除小农心理和习惯的物质基础，结果通过共耕制改造小农的道路失败了。

后来，列宁通过新经济政策时期的实践，找到了"文明合作社"的形式，即流通领域的合作社。他认为这是一种农民感到简便易行和容易接受的向社会主义制度过渡的组织形式。因为合作社这种组织形式使我们"发现了私人利益即私人买卖的利益与国家对这种利益的检查监督相结合的合适程度，发现了私人利益服从共同利益的合适程度，而这是过去许许多多社会主义者碰到的绊脚石"[①]。对流通领域的合作社的性质认识，列宁有过不同的看法。在1918年4月16日颁发《消费合作社组织的法令》后，列宁根据当时的合作社成员多属于富农和中农，广大贫苦农民被排斥在合作社之外，合作社的领导权多为资产阶级分子所把持的情况，列宁说合作社"浸透了资产阶级社会的精神"。但在1923年的《论合作社》一文中，列宁改变了看法，认为"在生产资料公有制的条件下，在无产阶级对资产阶级取得了阶级胜利的条件下，文明的合作社工作者的制度就是社会主义制度"，"合作社往往是同社会主义完全一致的"，"对于我们来说，合作社的发展也就等于社会主义的发展，与此同时，我们不得不承认我们对于社会主义的整个看法根本改变了"[②]。

列宁认为可以通过类似国家资本主义的合作社把农民组织起来，引导农民走向大生产。1923年，他在《论合作社》中提出："在国家资本主义下，合作企业与国家资本主义企业不同，合作企业首先是私人企业，其次是集体企业。在我国现存制度下，合作企业与私人资本主义企业不同，因

①　《列宁选集》第4卷，人民出版社1995年版，第768页。

②　同上书，第771—773页。

为合作企业是集体企业，但它与社会主义企业没有什么区别。"① 列宁认为要让全体居民都参加合作社，还需要整整一个时代，在最好的情况下，度过这个时代也要一二十年。列宁还从长期实践中得出一个结论：合作社必须使参加者得到个人的物质好处，合作社要善于将公共利益和个人利益正确地结合起来。"否则，你们就不能把千百万人引向共产主义。"② 列宁还继承了马克思、恩格斯提出的社会帮助设想，强调国家应该给予合作社以贷款、技术等方面的国家帮助。他说："任何一种社会制度，只有在一定阶级的财政支持下才会产生。……目前我们应该特别加以支持的一种社会制度就是合作社制度，这一点我们现在必须认识到而且必须付诸行动。"③

列宁的合作社理论丰富和发展了马克思主义的合作社理论，不仅推动了苏联的合作化运动，而且也为小农占多数的国家在无产阶级夺取政权后，如何实现农业的社会主义改造指明了方向。

三　斯大林的农业合作化理论

斯大林放弃了列宁的新经济政策以及以流通领域的合作促进农业发展的思想。他认为，应该优先发展生产合作，无论条件如何，大生产都比小农优越，因此主张建立集体农庄。从 1929 年下半年开始，他用行政命令在苏联推行集体农庄制度。斯大林时期，苏联农业集体化合作全力推进，在斯大林看来，改善了生产条件就能实现集体化合作，但是，集体农庄制度并没有为苏联的农业生产带来长久的发展，相反却使苏联农业生产停滞不前。苏联解体后，大规模的集体农庄纷纷解散。斯大林优先发展生产合作、忽视流通合作的思想，对苏联以及我国的农业合作化产生了极大的负面影响。

斯大林对农民合作理论的贡献是，他曾经强调了农民集体化的条件因素，反对违背原则扩大农庄并指出了集体化的范围。但是，他没有在实践中坚持这一正确的观点。

---

① 《列宁选集》第 4 卷，人民出版社 1995 年版，第 772 页。
② 同上书，第 570 页。
③ 同上书，第 769 页。

四　党的第一代领导集体的农业合作化思想

新中国成立后，以毛泽东为核心的第一代领导集体，在总结革命根据地的农民合作经验的基础上，分析农村土改完成后的新形势，借鉴苏联经验，提出了工业化与农业合作化同步进行的思想。

全国土改完成以后，农民的生产积极性大大提高，农业生产取得很大发展，但是，由于个体农户耕地面积很少、生产工具及生产资金又严重不足，个体经营很快又面临新的困难。为解决这些困难，山西长治等地的农民自发沿用以前根据地的做法，成立了劳动互助组、犁牛合作社等。1951年，围绕着华北局关于山西要不要发展农业合作社的争论，毛泽东逐渐形成了农业合作化思想。1951 年 9 月，中央召开了第一次互助合作会议，讨论形成了《关于农业生产互助合作的决议（草案）》，在此基础上，1953 年 12 月，中央通过《关于发展农业生产合作社的决议》。《决议》进一步提出要成立农业生产合作社，对社会主义改造道路做了更明确的规定，即农业合作化的步骤是互助组→初级农业生产合作社→高级农业生产合作社，互助组具有社会主义萌芽性质；初级合作社实行土地入股、统一经营、集体劳动，分配中按劳分配与土地分红相结合，具有半社会主义性质；高级合作社实行所有生产资料归农民集体所有，统一经营、集体劳动、按劳分配，具有完全的社会主义性质。《决议》还提出了农业合作化的方针是积极领导、稳步前进，农业合作化的原则是自愿互利、典型示范、国家帮助。①

1955 年 7 月 31 日，中央召开省、市、自治区党委书记会议，毛泽东在会上做了《关于农业合作化问题》的报告，对党的农业合作化的理论和政策做了系统阐述。报告中毛泽东论证了我国实现农业合作的可能性，又着重论证了农业合作化的必要性，强调了自愿互利的原则，提出依靠贫农、下中农，团结中农推进农业合作化运动。毛泽东指出，广大农民具有走社会主义道路的积极性，党有能力领导农民走上社会主义道路，所以，农业合作化完全能够实现。对于农业合作化的必要性，毛泽东提出，"社会主义工业化是不能离开农业合作化而孤立地去进行的"②，首先，工业

---

① 王桧林、郭大钧编：《中国现代史》（下册），高等教育出版社 2003 年第 2 版，第 76—77 页。

② 《毛泽东文集》第 6 卷，人民出版社 1999 年版，第 431 页。

化所需的商品粮和工业原料的增加，必须通过农业合作化来解决。其次，农业合作化是工业化的要求，如果不能实现农业合作化，规模生产就无法实现，而规模生产如果无法实现，重工业生产的生产资料如拖拉机、化肥等就没有用武之地。"必须先有合作化，然后才能使用大机器。"① 再次，"完成工业化和农业技术改造所需要的大量资金，其中有一个相当大的部分是要从农业方面积累起来的"②。这需要实行合作化。报告最后还对农业合作化的全面规划作了阐述，提出花三个五年计划的时间同时完成工业化与包括农业合作化在内的社会主义三大改造。

简而言之，以毛泽东为核心的第一代领导集体的农业合作化思想可以概括为以下几点：一，农业合作化是提高农业产量，实现国家工业化的需要以及防止农村两极分化的需要；二，农业合作化的步骤是互助组（带有社会主义萌芽）→初级农业生产合作社（半社会主义性质）→高级农业生产合作社（完全社会主义性质）；三，农业合作化的方针是积极领导、稳步前进；四，农业合作化的原则是自愿互利、典型示范、国家帮助。

应该说，第一代领导集体的农业合作化思想是从促进我国的工业化建设出发的，农业合作化加强了国家对农业和农民的领导，实现了农业的规模化经营，有力地支撑了我国的工业化建设，也对农业生产的机械化、水利化等现代化建设起到了重要的推动作用。但是，随着后来人民公社化的普遍推行，又出现了"共产风"、浮夸风、平均主义等一系列问题，为此，1959 年第二次郑州会议上，毛泽东提出"三级所有，队为基础"的人民公社建设指导方针，初步纠正了"共产风"。1961 年，毛泽东又主持起草了农业六十条，要求废除供给制、停办公共食堂，落实按劳分配的原则，对于当时调动农民积极性、恢复农业生产起到了十分重要的作用。此后，人民公社制度一直持续到改革开放。

五　中国特色社会主义理论体系中关于农民合作的理论

（一）邓小平关于农业发展的"两个飞跃"论

邓小平作为中国特色社会主义道路的首倡者，在农村改革方面首先是

---

① 《毛泽东文集》第 6 卷，人民出版社 1999 年版，第 432 页。

② 同上。

打破人民公社制度，大举推行农业家庭承包经营制度，但是，这并不意味着他认为家庭承包经营就是社会主义最终的追求。相反，他深刻地认识到家庭承包经营只是社会主义发展的一个阶段的选择，长远来看，还是要走集体化、集约化道路，要适应生产社会化的需要，发展适度规模经营，发展集体经济。1990 年 3 月，邓小平在谈到农业问题时指出："中国社会主义农业的改革和发展，从长远的观点看，要有两个飞跃。第一个飞跃，是废除人民公社，实行家庭联产承包为主的责任制。这是一个很大的前进，要长期坚持不变。第二个飞跃，是适应科学种田和生产社会化的需要，发展适度规模经营，发展集体经济。这又是一个很大的前进，当然这是很长的过程。"① 1992 年 7 月，党的十四大召开之前，邓小平又重申了农业两个飞跃问题。他说："从长远的观点看，科学技术发展了，管理能力增强了，又会产生一个飞跃。""农业的改革和发展会有两个飞跃，第一个飞跃是废除人民公社，实行家庭联产承包为主的责任制，第二个飞跃就是发展集体经济。社会主义经济以公有制为主体，农业也一样，最终要以公有制为主体。公有制不仅有国有企业那样的全民所有制，农村集体所有制也属于公有制范畴……农村经济最终还是要实现集体化和集约化。有的地区农民已经提出集约化问题了……要提高机械化程度，利用科学技术发展成果，一家一户是做不到的。特别是高科技成果的应用，有的要超过村的界限，甚至超过区的界限。仅靠双手劳动，仅是一家一户的耕作，不向集体化集约化经济发展，农业现代化的实现是不可能的。就是过一百年二百年，最终还是要走这条路。"他认为，"这是大思想"②。这就是邓小平关于农业发展的"两个飞跃"论。"两个飞跃"思想既是对新中国农业发展道路的总结与发展，也是对 21 世纪中国农业发展道路的科学展望。③

要实现第二个飞跃，就需要走一条中国特色的农业现代化道路，他指出，"我国农业现代化，不能照抄西方国家或苏联一类国家的办法，要走出一条在社会主义制度下合乎中国情况的道路"④。这条道路就是统分结合的农业双层经营模式。

① 《邓小平文选》第 3 卷，人民出版社 1993 年版，第 355 页。

② 冷溶、汪作玲主编：《邓小平年谱》，中央文献出版社 2004 年版，第 1349—1350 页。

③ 参见万秀丽《"两个飞跃"与中国特色社会主义农业发展道路研究》，《甘肃社会科学》2009 年第 6 期。

④ 《邓小平文选》第 2 卷，人民出版社 1994 年版，第 362 页。

（二）江泽民的农业产业化理论

以江泽民同志为核心的党的第三代领导在这一问题上提出了农业产业化经营理论。农业产业化是指以市场为导向，以效益为中心，以农业优势产业为依托，实行农业生产区域化布局、专业化生产、一体化经营、社会化服务、企业化管理，把供应、生产、加工、储运、销售紧密结合起来，形成农工商一体化的农业经营体制。农业产业化经营是实现农业现代化的基本途径，也是市场经济的必然要求。对农业产业化经营的具体形式，最初实践中多以"公司+农户"形式为主，这是一种以工商资本来带动农户进行产业化经营的途径，其缺点是不利于保护分散的农民的利益，所以随着农业生产力的进一步提高和农业产业化的推进，逐渐发展成为"公司+农民专业合作组织+农户"的组织形式。

党的十六大以来，我国的农民专业合作组织发展迅速，同时，作为农业市场化、现代化的产物，作为新时期解决三农问题的一个重要手段，农民专业合作组织受到中央高度关注，中央逐步加大了相关的政策扶持力度，从立法、财政、税收、信贷、项目等方面予以了大力支持，农民专业合作组织正迎来发展的春天。

第三节　农民专业合作组织的基本理论

一　农民专业合作组织的内涵

农民专业合作组织是在农村家庭承包经营基础上，同类农产品的生产经营者或者同类农业生产经营相关服务的提供者、利用者，自愿联合起来，以民主的方式进行管理，以其成员为主要服务对象，提供农业生产资料的购买，农产品的销售、加工、运输、贮藏以及与农业生产经营有关的技术、信息等服务的互助性经济组织。这是笔者参照我国《农民专业合作社法》所做的定义。我国的农民专业合作组织大致对应于西方国家所称的农业合作社（Agricultural Coopperative）或农民合作社（Farmer Cooperative）。

目前，对于我国的农民专业合作组织，学界存在多种名称，如农村专业合作组织、新型农村合作经济组织、新型农民合作经济组织、农民专业合作经济组织等，本书之所以将其名称确定为农民专业合作组织，是基于以下原因：第一，"农民"一词强调了该组织以农民为主体，区别于非农民组织；这里弃用"农村"一词是因为农民专业合作组织发展壮大后，完全有可能走出农村，成为非农村组织，其目标就是要实现农业非农化经营，而作为职业的农民是始终存在的。第二，"专业"一词强调了该组织以某经济产业为联结纽带，这内含了其为经济组织的含义，所以"经济"一词在名称中再无须体现，而且"专业"一词使之区别于以地缘为纽带的传统社区型合作组织（如村经济合作社）。第三，"合作组织"一词强调了组织的合作性质，区别于非合作性质的组织。第四，目前，对该组织的有些名称中强调"新型"，是为了说明这是改革开放尤其是推行市场经济以来产生的新的农民合作组织形态，是要区别于农业合作化时期的合作组织，以及继承人民公社制度遗产的社区型合作组织，而笔者以为，以产业为纽带的农民专业合作组织因为突出"专业"一词本身已强调了其为新的农民合作组织形态（以产业为纽带的农民合作组织过去没有出现过）。第五，这一名称在学界以及政府话语系统中已越来越常见，不易产生歧义。

我国的农民专业合作组织是农民自愿参加的，以农户经营为基础，以某一产业或产品为纽带，以增加成员收入为目的，实行资金、技术、生产、购销、加工等各环节农民互助合作的经济组织。农民专业合作组织具有以下主要特征：一是成员以农民为主体；二是入社自愿、退社自由，成员的财产所有权关系不变；三是成员地位平等，实行民主管理；四是以服务农民为宗旨，民办、民管、民受益；五是以产业为纽带，可以突破社区界限，在较大范围内实现专业合作。

目前，我国的农民专业合作组织主要有以下四种形式：农民专业合作社、专业协会（提供技术、信息、农机等农业服务）、专业联合社、专业联合会。目前，专业联合社与专业联合会数量都很少，主体形式是农民专业合作社与专业协会，在这两种形式中，农民专业合作社既是主体，也是实体类经营组织，专业协会为非实体组织。

国际上对农业合作社或农民合作社的分类主要依据业务类型，如参照国际分类，即从农民专业合作组织的从事业务来分类，农民专业合作组织可以分为农业生产合作组织、供给合作组织、销售合作组织、农业服务合作组织四大类型，这些不同业务类型的合作组织其合作程度存在较大的区别，参考 Torgerson、Reynolds 和 Gray（1998）的研究（具体见图 1-1）

可以看出，农业生产合作组织的合作程度最高，其次是供给和销售合作组织，农业服务组织合作程度最低。

合作组织的形式

投资者企业　新一代合作组织　　流通合作社　供应合作社　消费合作社 吉布兹

利润 ←————————————— 服务 ——————————————→ 理想

合作组织的目的

图 1-1　合作组织及其目标

说明：（1）吉布兹是以色列建立在生产资料公有基础上的集体经营的合作组织，类似于我国 20 世纪 50 年代的高级农业生产合作社。（2）新一代合作组织指北美地区近年来出现的以合作组织自办农产品加工企业、合作组织股份公司化经营为主要特征的合作组织。

资料来源：Torgerson，Reynolds and Gray，"Evolution of Cooperative Thought，Theory and Purpose"，*Journal of Cooperatives*，Vol. 13，1998，p. 8。

二　农民专业合作组织的原则

（一）国际合作社联盟（ICA）确定的合作社原则

1995 年 9 月，国际合作社联盟在英国曼彻斯特市举行了第 31 届代表大会，纪念联盟成立 100 周年，为适应形势的发展变化和指导 21 世纪的合作运动，大会再次修改了合作社的基本原则，通过了合作社的七条原则，即自愿和开放的社员资格、社员的民主控制、社员的经济参与、自治和独立、教育培训和信息、合作社之间的合作、关心社区发展。

一是自愿与开放的社员资格。合作社社员加入自愿、退出自由，社员资格开放，所有能利用其服务并愿意承担社员责任的人，不论性别、社会、种族、政治或宗教的种种差异，均可加入。二是民主控制。合作社实行民主管理，社员权力平等，有平等的投票权（一人一票），积极参与决策。三是社员的经济参与和资本报酬有限。社员对合作社的资本要做出基本平等的贡献并加以民主控制，至少有一部分资本作为合作社的共同财产，社员为入社所认缴的资本通常只能得到有限的回报。合作社盈余应首先用于建立合作社发展基金，然后是按社员惠顾额返还。四是合作社的自治和独立。合作社是其成员自我管理的自治自助组织，合作社若与包括政府在内的其他任何组织达成协议，或通过社外渠道募集资金，必须保证不损害社员对合作社的民主控制权和合作社的自治原则。五是教育、培训和信息。合作社要为其社员、经理及雇员提供教育和培训，以更有效地推动合作社的发展。合作社要向公众，特别是青年人和舆论媒体广泛宣传合作的本质及其优越性。六是合作社之间的合作。合作社要通过地方的、国家的、区域的及国际的合作社相互之间的通力协作，最有效地为社员服务，并促进世界合作运动。七是关心社区发展。合作社的发展离不开社区，合作社要根据社员批准的政策来推动其所在社区的持续发展。

（二）合作社原则的发展

合作社原则是合作社区别于其他组织的基本标志。1995 年国际合作社联盟所制定的最新的合作社原则，仍然是以 1848 年罗奇代尔原则为依据的传统原则。然而 20 世纪 70 年代以来，时代环境正在发生巨大变化，合作组织面临产生以来最大的挑战。一是经济自由化对合作组织是一个巨大的冲击。1973 年资本主义"滞胀危机"以来，新自由主义开始风行世界，贸易自由区在各地建立，金融自由化大大加快，私有化、市场化、全球化、自由化这四驾新自由主义的马车在世界奔驰，政府对农业和农民合作组织扶持减少，这一切都与 1929 年资本主义大危机以后的情形大相径庭，改变了长久以来合作社所依附并在其中发挥过重要作用的旧经济体制，对合作组织的发展带来不利影响。二是大型跨国公司风行全球对合作社的发展空间构成威胁。资本在全球几乎不受限制的流动以及先进的信息技术的应用使得大型跨国公司可以在世界各地通行无阻，这改变了合作组织传统的生存环境，使合作组织面临产生以来最大的市场竞争者，大型公司的资金与效率优势对合作组织的生存形成严峻挑战。

为适应新的时代环境，合作组织正在调整与变化之中。在调整过程中，合作组织正在寻找一种兼顾社会伦理、经济伦理与经营伦理的新合作原则。然而由于实践中合作组织类别的巨大差异，以及对于合作理念的不同认识，至今仍未出现一套公认的、有效的合作新原则。但是，从促进合作社适应新形势的角度出发，需要更加重视合作社的效率问题。而提高效率，又需要建立新的平等观念。在此背景下，以比例原则为核心的合作社现代原则逐渐形成。

比例原则主张以公平观念取代传统的平等观念。它的核心是合作社的所有权、控制权和剩余分配都是建立在成员与组织的惠顾额基础之上，具体来说，惠顾者以惠顾额多寡按比例认购股本，合作社投票权以社员惠顾额按比例分配，盈余按惠顾额分配给惠顾者。这样，合作社的权责集中到了惠顾额，以惠顾额为基础来体现。比例原则论者认为，"比例"是一种新的平等，相对于传统的平等观念是一种优势观念，它对于合作社应对新形势具有重要意义。近年来，比例原则越来越占主流。[①]

在合作社发展呈现出多样化的趋势下，更简单而富有弹性的合作社现代原则正在生成。尽管现代原则与传统原则看起来有很多变化，但实际上，传统原则中合作社是其使用者（即惠顾者）所有、使用者控制、使用者受益的自治自助组织的这些核心原则仍然都有保留，现代原则中，合作社仍然是社员所有的组织、要坚持民主管理、资本回报有限、盈余按惠顾额返还这些传统原则的核心。因为这些核心原则正是合作组织区别于其他组织的根本，也就是说，是合作组织之所以叫作合作组织的根源。

（三）我国农民专业合作组织的原则

因为以上原因，我国在对农民专业合作组织进行立法规范时，依据国际合作社联盟对合作社原则的前三条核心规定，坚持了三条立法原则：开放的成员资格，组织成员的民主控制，资本回报有限和盈余按惠顾额返还。这三条原则又被概括为"民办、民管、民受益"。十七届三中全会也指出："按照服务农民、进退自由、权利平等、管理民主的要求，扶持农民专业合作社加快发展，使之成为引领农民参与国内外市场竞争的现代农业经营组织。"

三　农民专业合作组织的本质

农民专业合作组织作为一种特殊经济组织与一般企业存在明显的本质区别。

第一，它是所有者与惠顾者的统一组织。一般企业是为了自身的赢利而向顾客服务，然后从顾客那里获得利润，顾客与企业所有者是分离的。而合作组织与普通企业的本质不同，合作组织中所有者与使用者是统一的。合作组织的所有者同时是其服务的使用者。这意味着合作组织离不开为其成员提供服务，否则就失去了存在的价值。

第二，与企业内外统一的营利性不同，合作社具有经济组织和社会组织的双重属性。作为一个经济组织，合作社与其他企业一样，平等参与市

---

① 苑鹏：《现代合作社理论研究发展评述》，《农村经营管理》2005年第4期。

场竞争，对外是一个营利性组织。但作为一个社会组织，它以为成员服务为宗旨，对内具有非营利性，不以资本经营为目的，是一个"人合"而非"资合"组织。这种制度安排决定了它要在民主、公平和效率中寻找平衡。其中，坚持内部的民主、公平是保证合作社的本质属性，实现效率是为了维护组织生存。

第三，从管理机制上看，合作组织实行成员的民主管理，一人一票，以此确保参与成员的经济民主权。而一般企业则实行以资定权，权利分配与出资结构相适应。

第四，在盈余分配上，合作制企业遵循资本报酬有限原则，合作制企业盈余首先要做公积金等公共积累扣除，剩余盈余大部分按成员与合作组织的交易额返还，对资本报酬部分则严加限制。如我国《农民专业合作社法》规定，按交易量返还的总额不得低于可分配盈余的60%。而一般企业在依法作出必要扣除后，则完全依据投资比例原则进行分配，体现资本利益的最大化。

对于这两类性质不同的组织的对比，如表1-1所示。

表1-1　　　　　　合作制企业（公司）与一般公司的比较

背景与指标	一般公司	合作社
出现时代	约17世纪在意大利、法国已有较现代意义上的公司	1844年始有完整明晰且沿用至今的"罗奇代尔合作原则"
社会基础	基本上由资金所有者为追求更多的利润而结合	大都由经济、社会的弱势者为改善经济生活而联合组成
联合的中心体	资本（资本的联合）	人（劳动者的联合）*
目标	利润	在经济上增进成员收入，在理想上致力于社会改进
加入方式	购买公司股票即自动成为股东，通过出售股票即自动退出	自愿加入，自由退出，履行合作社章程（实行开放原则）
经营方式	由出资者或聘任专业人员主持，所有权和经营权可以分离	由社员共同组织，协议共营
权力分配	以资定权，权力与出资额成正比	民主管理，一人一票*
盈余分配	按资分配，按出资比例分配	资本回报有限*实行按交易额分配原则，即按社员与合作组织交易的比例进行分配，股份分红受到限制（一般不超过同年银行存款利率）

资料来源：赖建诚：《近代中国的合作经济运动：1912—1949》，台湾学生书局2011年版，第20页。加*的内容为笔者补充修改。

第二章 农民专业合作组织与社会主义新农村建设

第一节 建设社会主义新农村是我国现代化进程中的重大历史任务

一 建设社会主义新农村是时代的呼唤

2005 年，党的十六届五中全会通过了《中共中央关于制定国民经济和社会发展第十一个五年规划的建议》，《建议》明确提出了建设"社会主义新农村"这个重大历史任务。全会提出"建设社会主义新农村是我国现代化进程中的重大历史任务"，"要按照生产发展、生活宽裕、乡风文明、村容整洁、管理民主的要求，坚持从各地实际出发，尊重农民意愿，扎实稳步推进新农村建设"。2006 年，中央 1 号文件又发布了《中共中央国务院关于推进社会主义新农村建设的若干意见》，就建设社会主义新农村做了具体部署。2006 年 2 月 14 日，在中央党校举办的省部级主要领导干部建设社会主义新农村专题研讨班开班典礼上，胡锦涛同志就此做了重要讲话。他指出，建设社会主义新农村是一项长期的历史任务，从 21 世纪头 20 年实现全面建设小康社会的目标，到 21 世纪中叶我国基本实现现代化，建设社会主义新农村需要经过几十年的艰苦努力。从更长远的时间看，即使将来基本实现现代化了，"三农"问题依然是关系我国发展全局的重大问题。我们一定要树立长期作战的思想，坚持不懈地做好"三农"工作。

建设社会主义新农村，是在全面建设小康社会的关键时期、我国经济发展总体上已进入以工促农、以城带乡的新阶段，为适应市场化、全球化、工业化、城镇化的时代需要做出的一个重大决策，是统筹城乡发展，实行"工业反哺农业、城市支持农村"的重大举措。正如胡锦涛同志在2006年2月中央举办的省部级主要领导干部建设社会主义新农村专题研讨班开班典礼上所指出的："建设社会主义新农村，是我们党在深刻分析当前国际国内形势、全面把握我国经济社会发展阶段性特征的基础上，从党和国家事业发展的全局出发确定的一项重大历史任务。"建设社会主义新农村是我国现代化进程中的一项重大历史任务。

第一，目前我国已经实现总体小康，正从总体小康向全面小康建设过渡，而全面建设小康社会，最艰巨、最繁重的任务在农村，因此，建设社会主义新农村成为当前的重要任务。2000年，我们已经实现了过去提出的总体小康这个目标，因此，2002年党的十六大提出，我们要利用21世纪头二十年时间来全面建设一个惠及十几亿人口的更高水平的小康社会。我国总人口的70%以上是农村人口，只有农村发展好了，农民生活宽裕了，才能保障全体人民共享经济社会发展成果，实现社会的全面小康。

第二，进入新世纪以后我国的国情国力，特别是国家的综合国力和政府财力和以往相比有了非常明显的提高，初步具备了加大力度扶持"三农"、建设社会主义新农村的能力和条件。中国30年来经济增长的平均速度一直在9%以上。在世纪之交的2000年，GDP总量是9.9万亿元，2008年的GDP超过了30万亿元，2010年GDP更是突破39.8万亿元，跃升为世界第二大经济体；2000年的财政收入是1.34万亿元，2008年财政收入超过了6万亿元，2010年财政收入达到8.31万亿元。[①] 中华人民共和国成立60年来，农业生产也发生了巨大变化，粮食的总产量已从中华人民共和国成立之初的1260亿斤，增加到2010年的10570亿斤，实现了粮食生产从温饱不足跨向总体小康的历史性转变。国情的变化，国力的提高，奠定了今天进行新农村建设的坚实基础。

第三，当前，我国总体上已进入以工促农、以城带乡的发展阶段。在党的十六届四中全会上，胡锦涛同志提出了"两个趋向"的重要论断，即在工业化初期，农业支持工业、为工业提供积累是带有普遍性的趋向；而在工业化达到一定水平以后，工业反哺农业、城市支持农村，实现工业与农业、城市与农村协调发展，也是带有普遍性的趋向。"两个趋向"的

---

① 数据来源：《4年多来新农村建设取得较大成果　农村生活明显改善》，2009年9月4日，新闻中心—中国网（http://www.china.com.cn/news/2009-09/04/content_18464026.htm）。《政府工作报告》，《光明日报》2011年3月16日第1版。

重要论断，从全局和战略的高度明确了我国在新形势下要实行"工业反哺农业、城市支持农村"大政方针。党的十六届五中全会通过的《中共中央关于制定国民经济和社会发展第十一个五年规划的建议》也明确提出，要"建立以工促农、以城带乡的长效机制""建设社会主义新农村"。这表明当前我国已经进入经济发展新阶段，"工业反哺农业、城市支持农村"已成大势所趋。

第四，当前巨大的城乡差距已不容回避，必须通过社会主义新农村建设来改变农村、农民的落后面貌。在20世纪80年代初期，我国农村发展比较快，城乡发展的差距曾达到历史最小。但是到了80年代后期，尤其是90年代中期随着向市场经济的转轨，城市与乡村之间的收入差距越拉越大，据统计，1998—2007年城镇居民人均可支配收入平均每年增长9.1%，而农民居民人均纯收入年均增长只有4.5%，城镇居民收入增长速度是农村居民收入增长速度的两倍。城乡居民人均收入比从1998年的2.51∶1扩大到2007年的3.33∶1，一个城市居民的可支配收入超过3个农村居民的纯收入。若再考虑城镇居民的各种福利补贴，差距可能高达5—6∶1，也就是说现在的农村人口的购买力平均5—6人才相当于一个城市人口的商品购买力。[1] 如果不采取措施遏制城乡收入差距拉大的趋势，有专家预计到2020年城乡收入差距有可能达到城市居民人均收入水平是农村居民的4倍左右。城乡差距的持续扩大已成为我国一个不容回避的严重问题。农村人口众多是我国的国情，如果不解决农民收入过低问题，党和国家的社会主义事业将受到严重影响。通过建设社会主义新农村来发展农村，提高农民生活水平，保障全体人民共享经济社会发展成果，已是刻不容缓。只有发展好农村经济，建设好农民的家园，让农民过上宽裕的生活，才能保障社会主义事业赢得广大人民的真心支持。

二　社会主义新农村建设的总体要求

2006年中央1号文件《中共中央国务院关于推进社会主义新农村建设的若干意见》提出，"按照'生产发展、生活宽裕、乡风文明、村容整洁、管理民主'的要求，协调推进农村经济建设、政治建设、文化建设、社会建设和党的建设"。建设社会主义新农村的内容是多方面的，相互联

---

[1]　董忠堂：《建设社会主义新农村论纲》，人民日报出版社2005年版，第21页。

系的。其中"生产发展"是新农村的物质基础，"生活宽裕"是新农村建设的核心目标，"乡风文明"是精神内核，"村容整洁"是人与环境和谐的体现，"管理民主"是政治保证。建设社会主义新农村，要坚持以发展农村经济为中心任务，促进农村生产力的解放和发展，促进农民持续增收，同时协调推进农村经济、政治、文化、社会各方面建设和党的建设。

生产发展，是新农村建设的中心环节，是实现其他目标的物质基础。生产发展要求大力发展农村经济，解决制约农村经济发展的突出问题、关键环节，综合采取措施，提高粮食综合生产能力，加快农业科技进步，建设现代农业，加快转变农业增长方式。

生活宽裕，是新农村建设的核心目标。只有农民收入提高了，生活宽裕了，衣食住行改善了，生活水平提高了，农民生活小康了，整个国家才能实现全面小康。

乡风文明，是新农村建设的精神内核，是农民综合素质的反映，体现农村精神文明建设的要求。只有农民的思想、文化、科技、道德水平不断提高，形成家庭和睦、邻里互助、社会和谐的良好氛围，农村的教育、文化、卫生、体育事业蓬勃发展，发展生产、勤劳致富、团结互助、崇尚文明、崇尚科学的文明乡风蔚然成风，新农村建设才能真正实现。

村容整洁，是农村新貌的直观展现，是实现人与环境和谐发展的具体体现。社会主义新农村在人居环境方面应该是村庄布局合理、公共基础设施完善、服务设施齐全、生态环境良好、农民安居乐业，脏乱差状况从根本上得到治理。

管理民主，是新农村建设的政治保证。对农民群众政治权利的尊重和维护是新农村建设的重要任务，进一步扩大农村基层民主，完善村民自治制度，健全村务公开制度，完善农村党的基层组织建设，真正让农民群众当家做主，调动农民群众的积极性，开展普法教育，确保广大农民群众依法行使当家做主的权利，真正建设好社会主义新农村。

三　建设社会主义新农村的历史意义

推进社会主义新农村建设是党中央统揽全局、着眼长远做出的重大决策，是一项不但惠及亿万农民，而且关系国家长治久安的战略举措，是我们党在当前社会主义现代化建设的关键时期必须担负和完成的一项重要使命，对中国特色社会主义建设具有极为重大的历史意义。

第一，建设社会主义新农村，是全面建设小康社会的重点任务。建设全面小康社会，重点在农村，难点也在农村。正如 2006 年中央 1 号文件指出的："全面建设小康社会，最艰巨、最繁重的任务在农村。"改革开放以来，我国城市面貌已发生了巨大变化，但大部分农村地区变化相对较小，经济社会发展严重滞后于整个国家的发展进程。通过建设社会主义新农村，加快农村经济社会全面建设，对于实现整个国家全面小康来说意义至关重要。

第二，建设社会主义新农村，是确保我国现代化建设顺利推进的必然要求。农村现代化是中国现代化进程的关键和难点。没有农村的现代化，就没有中国的现代化。因为现代化建设的成败最终不在于大城市有多发达，而在于广大农村、众多农民的经济社会命运能否从根本上得到转变。要加速推进现代化，必须妥善处理工农、城乡关系。来自发达国家的经验也表明，顺利完成国家的现代化建设，需要工农及城乡之间协调发展。把农业与农村发展纳入国家的整个现代化进程，使农村建设与国家的工业化、城镇化建设同步进行，保证亿万农民共享现代化成果，是中国特色社会主义现代化的必然要求。

第三，建设社会主义新农村是扩大内需、发展经济的有效途径。当前我国宏观经济发展的最大难题是内需不足，经济发展依然严重依赖出口和投资拉动，内需特别是消费需求的增长，对经济发展的拉动力量跟出口和投资相比力度不够。要努力使内需成为真正的第三驾马车，扩大消费需求是一个战略重点。而拉大消费需求的重点之一就在农村。通过推进社会主义新农村建设，可以大大加快农村经济、社会、文化全面发展，直接或间接增加农民收入，提高农民的购买力，把广大农民的潜在购买意愿转化为巨大的现实有效需求，从而扩大内需，拉动国民经济的持续增长。[①] 特别是通过加强农村道路、住房、能源、水利、通信等建设，一方面改善农民的生产生活条件和消费环境；另一方面消化目前一些行业的过剩产能，促进相关产业的发展。如果农村 8 亿人口的收入水平提高了，购买力增强了，农村巨大的购买力就可以支持经济的增长。

第四，建设社会主义新农村，是实现共同富裕、构建社会主义和谐社会的重要举措。邓小平在社会主义本质论中提出，实现共同富裕是社会主

---

①　郑新立：《关于建设社会主义新农村的几个问题》，《农业经济问题》2006 年第 1 期。

义的根本目的，是社会主义优越性的根本体现。共同富裕就是要使所有社会成员都能够共同参与发展，共同促进发展，共同分享发展成果。通过建设社会主义新农村，使广大农民拥有更多的发展机会，更高的发展能力，从而更好分享发展成果，缩小城乡差距，实现共同富裕，而这同时也是构建社会主义和谐社会的重要举措。通过建设社会主义新农村，加快农村经济社会发展，切实维护农民群众的合法权益，缓解农村的社会矛盾，减少不稳定因素，为构建社会主义和谐社会打下良好基础。

第五，建设社会主义新农村也是贯彻落实科学发展观，统筹城乡发展，构建新型城乡关系的一个重要举措。科学发展观提出五个统筹，第一就是统筹城乡发展。全面落实科学发展观，必须保证占我国人口70%的农民群众参与发展进程、享受发展成果。如果长期忽视农民群众的愿望和切身利益，导致农村经济社会发展长期严重滞后，就不可能取得全面协调可持续的发展。必须加快新农村建设，加快城市工业对农业的支持，加快农村的发展，建立新型的城乡关系以促进整个经济社会尽快转入科学发展的轨道。工业反哺农业、城市支持农村是统筹城乡发展的必然选择和有效措施。

第六，建设社会主义新农村也是我们党执政为民和代表最大多数人利益的具体体现。我们党执政为民，代表最大多数人的利益，首先就要代表8亿农村人口的利益。执政为民首先要为8亿农民服务，使全国人民都能够共享改革发展的成果。[①] 现在，我国农村人口平均5—6人的购买力才相当于1个城市人口的购买力。如果这种情况长期持续下去，必将损害党的形象，也严重背离党的宗旨——代表中国最广大人民的根本利益。因此，建设社会主义新农村是我党在新世纪、新阶段提出的重大战略决策，具有重大而深远的现实意义。

第二节　农民专业合作组织是建设社会主义新农村的重要途径

自中央提出社会主义新农村建设的大政方针以来，破解"三农"问题，要靠社会主义新农村建设已成社会共识。但是，如何建设社会主义新

---

① 郑新立：《关于建设社会主义新农村的几个问题》，《农业经济问题》2006年第1期。

农村呢？根据中央提出的"生产发展、生活宽裕、乡风文明、村容整洁、管理民主"新农村建设方针，以及中央为新农村建设制定的战略规划，抓住"工业反哺农业，城市支持农村"的战略机遇，利用农民专业合作组织实现农业经营体制创新、建设现代农业、促进农民增收、营造文明乡风、完善乡村治理，从而推进社会主义新农村建设具有重大的现实意义。

一　农民专业合作组织是实现农业经营体制创新的形式①

（一）坚持和完善当前的农村基本经营制度，防止农地私有化

以家庭承包经营为基础、统分结合的农业双层经营体制是我国当前的农村基本经营制度，必须毫不动摇地坚持和完善农村基本经营制度，防止农地私有化。

首先，这是由我国高度紧张的人地矛盾和现阶段农村土地所承载的对农民的社会保障功能所决定的。长期以来，由于人多地少，造成人地矛盾高度紧张，8亿多农村人口，只有18亿亩耕地，庞大的人口使我国必须将农村土地分割成一块块很小的面积才能保证农民"耕者有其田""居者有其屋"。近年来，随着工业化、城镇化的推进，农业人口虽有所减少，但到目前为止，仍有农业人口8亿左右。到目前为止，这8亿农业人口的社会保障基本都依赖于土地所提供的保障。在这8亿农业人口中，虽然有两亿左右常年在城市以打工为生，但在目前国家的社会保障体系尚不健全的情况下，他们与其他在农村务农的农民在社会保障方面并无区别，所有农业人口的最低生活保障都仰赖于土地，因此，在当今中国，农地制度不仅仅是一个经济问题，更是一个政治、社会问题。最近几年，我国在农村地区逐步建立了新型农村合作医疗保障制度，农村人口的养老保障体系、针对农村外出务工人员的社会保障全国网络也正在建立，但到目前为止，期望短期内就能完善这些保障制度，并使之达到一定的保障水平，从而使农民不再像现在一样依赖土地，显然是不现实的。中国目前的经济实力、发展模式等诸多因素决定我国短期内还难以建立起这样的社会保障。而在这些问题没有解决以前，轻易动摇农村现行的家庭承包经营制度，将给中国经济与社会发展带来难以预计的灾难。正如许多学者所言，主张农地私

_____

① 参见万秀丽《农民专业合作经济组织：中国特色农业现代化的现实选择》，《西北师范大学学报》（社会科学版）2010年第6期。

有化，不一定就会更好地保障农民的权益，也不大可能让农民变为市民，相反，农地私有化反倒有可能使强势的工商资本在农村长驱直入，毫无障碍地攻城略地，同时迫使农民离开自己的土地，沦为失去家园、失去稳定生活来源的雇佣阶级，导致社会两极分化。

其次，出口导向型发展模式也决定了我国目前必须坚持农地家庭承包经营体制，这是从农地所承担的上亿产业工人的失业保障等社会安全阀功能而言的。我国目前出口已占 GDP 的 1/3 以上，以出口加工为主体的外向型经济是我国短期内不会改变的经济发展模式，而这一模式，是以低工资、低成本来吸引海外投资及订单的，这就决定了我国目前仍然需要通过保持相对低廉的人力成本来维持相对优势。而要压低人力成本，就不大可能在短期内完善产业工人的权益保护和失业保障制度，因为建立完善这样的制度，会使企业的用工成本大大上升，从而失去外资和订单①，但是，从维护产业工人和国家的利益出发，我们也不可能长期低工资、低福利，这正成为我们的两难选择。2008 年，新劳动合同法一实施，马上引起诸多连锁反应，再加上巧遇美国次贷危机引发全球金融海啸，沿海外向型企业连连倒闭，一时间东南沿海打工者失业众多，两千多万外出务工的农民提前返乡，形成了前所未见的民工返乡潮，引起社会广泛关注。为了帮助返乡农民渡过难关，各地政府出台了种种返乡创业规划。这场风波，终于在 2009 年全球经济回暖，沿海企业形势好转，大量就业机会重新出现之后宣告结束。现在回顾这件事情的发展历程，可以非常清楚地看到，我国的农地家庭承包经营体制在国家经济困难时期发挥了多么重要的社会安全调节器功能：如果这两千多万失业的外出农民在这个特殊时期没有一个可以回去的家园，没有一小块可以维持生活的土地，如果他们只能在城市等待，而低工资又没有留给他们足够的积蓄，等他们微薄的积蓄花光时，难以估计数千万失业农民将会带来怎样的社会动荡。从这一意义上来讲，现行的农地制度，是我国目前的出口导向型发展模式中重要的安全调节器，是这一模式能够维持的必要条件。在我国完成发展模式转型之前，还须通过现行农地制度保障经济的可持续发展。

最后，家庭经营也是农业生产中最适宜的经营方式。农业生产的生物

---

① 史天健：《土地流转应该也必须讲政治》，《华中科技大学学报》（社会科学版）2009 年第 1 期。

性要求农民必须对自然的细微变化及时做出反应，如果农业生产由不同利益单位共同经营，就会存在劳动计量与监督问题，而且农业生产的分散性又使生产的监督成本很高。但是，在农户家庭内部，各成员之间经济利益是一致的，不需要对彼此进行精确的劳动计量和监督，因此，以家庭作为农业的基本经营单位，能充分发挥劳动者的积极性，又能使农民对各种难以预料的变化做出灵敏反应，以适应农业生产的生物性特点，较之于其他经营方式，家庭经营在农业中具有较好的适应性。尤其在我国这种面积广大、地区差异显著的国家，家庭经营能更灵活地发挥作用。

综上所述，农地家庭承包经营制度是我国必须长期坚持的一项制度。当前，必须坚持和完善农村基本经营制度，毫不动摇地防止农地私有化。因此，十七届三中全会《中共中央关于推进农村改革发展若干重大问题的决定》继续强调，要"稳定和完善农村基本经营制度。以家庭承包经营为基础、统分结合的双层经营体制，是适应社会主义市场经济体制、符合农业生产特点的农村基本经营制度，是党的农村政策的基石，必须毫不动摇地坚持"。

（二）农民专业合作组织是在家庭承包经营的制度约束条件下实现农业经营体制创新的形式

农业家庭承包经营体制曾经为我国农业的发展带来了巨大效益，并奠定了改革开放的基础。但如今面临工业化、市场化、国际化、城镇化、信息化的剧烈冲击，传统的农业经营模式必须转型，在新的条件下，家庭承包经营的局限性日益凸显。当前，分散的小规模农户家庭经营在实现农业经营的产业化、市场化、集约化、科学化和社会化等农业现代化诸多要素方面显然都存在许多问题，时代在呼唤新的制度来解决这些问题。如何创新农业经营组织形式，加强农业生产的统一经营以完善我国的农业双层经营体制呢？回到过去的农业集体化已不可行，在坚持家庭承包经营的制度约束条件下，通过农民专业合作经济组织把各个分散的小农户联合起来发展农民合作，应是现实可行的选择。

2008年10月，十七届三中全会通过了《中共中央关于推进农村改革发展若干重大问题的决定》，《决定》指出，推进农业经营体制机制创新，加快实现农业经营方式的两个转变：家庭经营向提高集约化水平转变，统一经营向提高组织化程度转变。《决定》提出"统一经营要向发展农户联合与合作，形成多元化、多层次、多形式经营服务体系的方向转变，发展集体经济、增强集体组织服务功能，培育农民新型合作组织，发展各种农业社会化服务组织，鼓励龙头企业与农民建立紧密型利益联结机制，着力提高组织化程度"。《决定》中提到的农民新型合作组织主要就指农民专业合作组织。农民专业合作组织正是提高农业统一经营的组织化程度的重要组织。

在坚持农户家庭承包经营制度的基础上，通过农民专业合作组织实现农民联合，既能坚持现行农业家庭经营体制并充分发挥农户家庭经营的积极性，又能提高农业统一经营的组织化程度和农业经营的专业化、规模化水平，还能提高农民进入市场的组织化程度，是农业应对工业化、市场化及全球化冲击，实现现代化的现实选择。农民以联合的方式进行农业生产、参与市场竞争，能够获得较高的生产效率和市场谈判地位，增强抵御市场风险的能力，解决"小农户，大市场"问题，还能达到增收目的；而且，通过农民专业合作组织还能解决农业生产的规模化、专业化、集约化问题，适应农业现代化的要求。因此，农民专业合作组织正是当前能够加强农业统一经营，完善农业双层经营体制的新载体，是我国农业经营体制机制创新的新形式。"家庭经营+农民专业合作组织"的经营模式应该是在家庭承包经营的制度约束条件下，中国农业经营模式的现实选择。

（三）正确认识当前的农民合作与家庭承包经营的关系

对如何认识农民合作与家庭承包经营的关系，很多农民甚至领导干部、学术界人士仍然心存疑虑。有人误把现在的农民合作当作20世纪50年代的农业集体化，以为农民合作就是要完全否定家庭承包经营。笔者以为，这种观点混淆了合作经济与集体经济这两种性质不同的经济形式，合作经济的基础是参与主体的独立性，集体经济则消灭了这种独立性。因此，当前的农民合作并不会否定家庭承包经营，相反，家庭承包经营正是农民合作的重要基础。事实上，如果没有家庭承包经营赋予农民充分的经营自主权，便没有讨论真正意义上的农民合作的基本条件。所谓合作，前提是合作参与者具有独立性，有权利决定自己的行为，如果没有这一点，合作便是无源之水。对建立农民专业合作组织而言，前提条件是农民拥有对承包地自主经营、自负盈亏的权利，是独立的市场主体。这就是现在的农民合作经济不同于过去集体经济的地方。农民专业合作经济组织强调的正是在参与者具有独立的经营决策权基础上用非行政强制力量引导农民联合起来，使之壮大自身的一种农业经营的新体制。相对于集体经济，它保留了农民的经营自主权、退出权。如果正如林毅夫的退出权假说所言，退出权的缺失是 20 世纪 50 年代我国农业集体化和人民公社失败的制度原因[①]，那么，建立在家庭承包经营自主权、退出权完整基础上的新型农业合作经济应该能达到合作的规模效益。因此，这二者并不矛盾，农民合作经济组织正是建立在家庭承包经营的基础上，适应家庭承包经营的制度约束条件的农业经营机制创新的新形式，它旨在完善当前的农业双层经营体制，它要发挥的是补充"统分结合"的农业双层经营体制中"统"的作用。

二　农民专业合作组织是建设现代农业的重要组织[②]

继 2006 年中央 1 号文件提出建设社会主义新农村的规划后，2007 年中央 1 号文件《关于积极发展现代农业扎实推进社会主义新农村建设的若干意见》又进一步指出：发展现代农业是社会主义新农村建设的首要任务。建设现代农业，就是推进农业现代化。农民专业合作组织正是当前推进农业现代化的重要组织载体。

农业现代化是我国现代化的重要方面。中华人民共和国成立以来，我们就一直对此孜孜以求，对农业现代化的认识，也经历了一个逐步发展的过程。20 世纪五六十年代，我国第一代领导集体曾把农业机械化、水利化、化学化、电气化，尤其是机械化作为农业现代化的主要内容，当时人们认为，集体化是机械化的前提，为了实现机械化，推行了人民公社制度。十一届三中全会以后，20 世纪八九十年代初，第二代领导集体根据世界科技发展的形势，用科学化、集约化、商品化、社会化来概括农业现代化，尤其重视先进的生物科技在农业发展中的重要作用。20 世纪 90 年代，第三代领导集体在继承和发展第二代领导集体思想的基础上，提出以土地适度规模经营、家庭经营加社会化服务、农业产业化经营等作为实现农业现代化的基本途径。

近几年，面对我国及全球经济发展的新形势，农业现代化被进一步解读为农业经营产业化、产品流通市场化、生产手段科技化（其中包括机械化）、要素投入集约化、生产服务社会化。

---

① 林毅夫：《制度、技术与中国农业发展》，上海三联书店 1994 年版，第 36 页。

② 参见万秀丽《农民专业合作经济组织：中国特色农业现代化的现实选择》，《西北师范大学学报》（社会科学版）2010 年第 6 期。

农业经营产业化，是指将农业的生产、加工、销售有机结合，以垂直一体化的方式来经营。农业产业化有利于实现农业生产的专业化、规模化以及农产品的商品化、农业生产服务的社会化，促进传统农业向现代农业转变；农业产业化有利于延长农业产业链条，有效增加农业的附加值，并使农户可以通过参与一体化经营而实现从各个生产环节获利；农业经营产业化还可以促进农村工业化和城镇化的发展。因此，农业产业化经营是实现农业现代化的基本途径。

农户经营市场化，是指随着农业生产力的提高，农业生产剩余产品大量出现的情况下，农民生产农产品的目的已不是为了自给自足，而是为了满足市场需要，实现农业生产行为的利润最大化。在农业现代化水平较高的国家如美国，农产品商品率能达到90%以上，从事农业生产只是一种社会分工的体现，与个人的直接需要并无关联。因此，农业现代化要以市场需求为导向，逐步调整农业生产结构，因地制宜，大力发展特色优势农业，塑造农业品牌，提高农业经营效益。

生产手段科技化，是指运用现代科技及装备改造传统农业，使先进技术与装备在农业生产领域广泛应用，不仅要实现农业机械化、化学化、电气化，还要运用最新的生物技术提高农产品的科技含量。这是农业现代化的必由之路。

增长方式集约化，是指改变传统农业对土地粗放经营的状况，以资金、技术、劳动力在单位面积土地上的密集投入来提高土地单产，对土地精耕细作，使土地利用效率和产能达到最佳。这一方面可以挖掘我国劳动力资源充分的优势，另一方面又可以克服我国耕地数量不足的劣势。

生产服务社会化，是指围绕农业生产的产前、产中、产后各个环节，在合理分工的基础上形成社会化的服务网络，为农户、农业企业提供各环节的专业服务。十七届三中全会指出："建设覆盖全程、综合配套、便捷高效的社会化服务体系，是发展现代农业的必然要求。"首先要有完善的农业科技服务体系建设，如品种鉴定与推广、植物病虫与动物病害的预测与防治、新技术的示范与推广、农业生态保护等。其次是农业生产与销售服务组织建设，如生产、收购、运输、加工、包装、销售服务以及农业生产所需要的金融服务。再次是农业信息服务体系建设。农业信息服务体系作为一个系统工程，包括信息收集、加工、处理、传输和发布，帮助农业生产者适应变化多端的市场，从而实现农业生产、管理、营销的顺利进行。最后是农业保险体系建设，提升农业抵御自然灾害和提高处置灾害或疫情的能力；大力发展农业保险，建立政策性和商业性相结合的农业保险制度，是提高国际竞争实力的重要途径。[①]

与西方农业现代化之路不同，中国特色的农业现代化是在土地家庭承包经营的制度约束条件下的农业现代化。西方国家的农业现代化，多数是以土地大规模或较大规模集中经营为基础的，如农业现代化程度最高的国家美国、加拿大、澳大利亚等国，在农业经营上以大农场为主，土地经营的平均规模达到 200 公顷以上；德国、英国、法国等欧洲国家在农业经营上以中小型家庭农场为主，土地经营规模在 50 公顷左右。而与西方国家实现农业现代化的基础不同，中国特色的农业现代化存在着明确的制度约束，那就是我国必须长期坚持农村土地集体所有制基础上的家庭承包经营体制，以小规模（户均土地面积不足 1 公顷，且分割零碎）农户家庭经营为基础的农业经营体制是中国实现农业现代化的约束条件。

对在约束条件下实现中国特色农业现代化的各项目标而言，发展农民专业合作组织应该是一条可行道路。

第一，农民专业合作组织有助于把分散经营的农民联合起来，实现农业生产的专业化、规模化、标准化，促进农业产业化的发展。但对农业规模化的理解，不应局限于土地集中的规模一种理解，要看到农业规模也有多种形式，如美国讲的农业规模指的是一家一户所经营的土地规模；欧洲讲的农业规模则指服务规模，如一台拖拉机、收割机，服务多少土地、农户的规模；而日本讲的农业规模主要是组织规模，即一个农协组织可以生产多少稻谷、蔬菜或水果。[②]

第二，农民专业合作组织有助于完善"公司+农户"的农业产业化经营模式，使之发展为更合理的"公司+合作社+农户+行业协会"经营模式。笔者以为，以当前合作社的发展水平，允许工商资本控制的龙头企业加入是有问题的。对与农户形成上下游产业关系的龙头企业来说，应该限制其加入农民合作社（对与农户处于同一农业生产环节的龙头企业，可以允许其加入），还原农民专业合作社为完全的农民所有，农民民主控

---

① 朱启臻、杨汇泉：《农地承包关系长久不变与农村双层经营体制创新》，《探索》2008 年第 6 期。

② 陈锡文：《要在家庭承包经营基础上实现农业现代化》，《农村工作通讯》2010 年第 1 期。

制。此类龙头企业，可以通过成立行业协会来解决其加入行业联合组织的问题，行业协会可以将公司、合作社（完全代表农户利益）全部吸收进去，解决行业协调问题。这种方式，可以解决目前合作社发展中出现的公司、农户利益纠纷内化于合作社之中，传统的"公司+农户"模式不能根本转变，合作社也无助于农户的利益保护这一棘手问题。

第三，农民专业合作组织的发展有助于加快农民自办农产品加工企业的步伐，促进农村内生的工业化，催生"农户+合作社+社办企业"这种从农村自下而上农业产业化经营的新模式。农民专业合作社自办加工企业模式，也就是农民自己组建企业去进行垂直一体化经营的模式，可以使农业产业体系所产生的利润留在农民手中，使农民成为产业体系的最大受益者。

第四，农民专业合作组织是农业市场化的重要参与主体，是解决"小农户、大市场"这一突出问题的根本途径。首先，农民专业合作社能把"小农"联合为"大农"，显著提高农民的市场谈判地位，防止农民在市场交易中利益受损。其次，通过专业合作组织联合起来的农民，可以在获取市场需求信息方面有更强的能力。最后，通过农民专业合作组织联合起来的农民能够在农产品质量控制、品牌塑造、市场开发方面有所作为，并更好地参与国内与国际农产品专业市场的竞争。

第五，农民专业合作组织是农业科技化的利用者。农业科技化包括农业机械化、化学化、电气化，还包括最新农业生物技术的运用，设施农业的推广，而这些生产手段的推行，大多需要大量的资金、大规模的土地经营为基础，这都是小规模农业家庭经营所缺乏的。要解决小规模农业家庭经营对农业科技化的制度限制，可以通过农民专业合作社来创造条件，以农民合作来达到一定经济实力和经营规模，为机械化、设施农业创造条件，为应用生物技术创造条件。

第六，农民专业合作组织是推进农业发展方式转变，实现农业集约化的重要基础。农业集约化经营是一国农业生产力和商品经济高度发展的必然产物。纵观世界各个经济发达国家发展农业产业的历史，尽管它们的自然、社会和经济条件各有不同，但随着农业的发展，最终都走上农业集约经营之路。在北美和澳洲等地广人稀的国家，由于农业劳动力数量很少，农业机械化程度很高；在日本、韩国等人多地少的国家，虽然农业经营规模不大，但也广泛采用农机和科技，实施集约经营。从世界范围来看，集约经营的过程基本表现为：一是生产要素出现不断流动、集中和重组；二是产业不断地分化、集中和扩大经营规模。在集约模式上，由单一化逐渐向多元化转化；在技术结构上，由传统经验逐渐向传统经验与适用新技术结合型转化，并向增加新技术比重转化；在集约程度上，由劳动集约向资金集约转化；在生产组织上，由主要依靠协调家庭生产要素向更多地依赖社会化服务方向转化。这也正是我国农业集约经营大体要经历的过程。①目前，我国在农业集约化方面，最重要的是增加技术、资本等生产要素投入，改变传统农业对土地粗放经营的状况，提高土地单产，使土地资源利用效率和产能达到最佳。

第七，农民专业合作组织是为农民提供农业社会化服务的主要承担者。十七届三中全会通过的《中共中央关于推进农村改革发展若干重大问题的决定》指出："加快构建以公共服务机构为依托、合作经济组织为基础、龙头企业为骨干、其他社会力量为补充，公益性服务和经营性服务相结合、专项服务和综合服务相协调的新型农业社会化服务体系。"现阶段，我国农业服务体系主要依靠国家农业技术推广机构、供销社、涉农企业和种养大户等，随着市场经济的不断发展，这些组织和机构在为农服务上日益显现出局限性，国家农业技术推广机构由于各种原因服务能力逐渐减弱，涉农企业和种养大户在利益上没有和农民建立起紧密的联系，常出现农民利益受损的现象。② 而农民自办的合作经济组织，以为农民服务为主要目标，服务对象明确，服务范围涵盖农业生产的产前、产中、产后全过程，无疑是将来农业服务社会化最重要的主体。

总之，农民专业合作组织是在土地家庭承包经营的制度约束下实现农业经营产业化、产品流通市场化、生产手段科技化、要素投入集约化、生产服务社会化，建设现代农业的重要组织载体，是推进以农民为主体的农业产业化的重要组织形式。

三　农民专业合作组织是促进农民增收的有效手段

促进农民增收是新农村建设的核心目标，但农民持续增收困难也是新

---

① 贾小玫：《公司化与集约化：中国农业经营组织的创新与发展趋势》，《当代经济科学》2004 年第 3 期。

② 左宁：《发展农民专业合作社是建设现代农业的重要途径》，《湖南农业科学》2008 年第 5 期。

农村建设的一大难题。而农民专业合作组织能够引导农民进入市场，发展当地特色优势农业，组织农民开展现代化农业生产，挖掘农业内部增收潜力，提高农产品竞争力，促进农业增效、农民增收。具体来说，农民专业合作组织在以下一些方面能显著促进农民增收。

第一，农民专业合作组织可以帮助其成员大大降低农资产品购买价格，从而节约开支、增加收入。统一采购是目前几乎所有的农产品生产、供销合作组织都开展的一项工作，农民参加专业合作组织后，生产资料大多通过合作组织统一采购，这可以帮农民直接节省大量开支从而达到增收效果。生产资料成本居高不下是农民增收困难的一个重要障碍。近年来，主要农资产品价格涨幅都很大。从市场行情来看，2007—2008年，各种农资产品价格上涨明显，且持续时间长。以2008年9月为例，绝大部分农资价格达到历史最高水平，国产复合肥、国产氯化钾、国产磷酸二铵等化肥价格同比涨幅均超过40%，钙镁磷肥、普通过磷酸钙、进口磷酸二铵等肥料的涨幅也超过了30%，进口尿素和国产尿素涨幅接近20%，农用柴油、饲料、地膜、棚膜的价格涨幅也超过了10%。[1] 农资产品的价格上涨导致生产成本大幅提高，严重影响了农民增收。但是，通过参加农民专业合作组织，由合作组织选派专业人士出面统一采购所需各种农资产品，不仅可以大大降低采购价格，还可以更好地保障农资产品质量，并为农户节约大量精力与时间。由于农资投入在农业生产中比重很大，农业生产资料价格的下降直接减少了农民的生产成本，增加了农民收入。

第二，农民专业合作组织可以显著提高农业经营管理的效率。从一般情况看，基于合理的社会分工的专业化、规模化、标准化生产可以大大提高生产及管理效率。农民联合起来在农民专业合作组织的统一安排下进行生产，整个生产过程由组织统一监管，专业化水平大大提高，质量控制也成为可能。农户的联合同时使整体生产规模大大扩张，达到一定的规模化水平，产生规模效益。这些有助于提高农户的产品质量、数量，从而可以帮助农民大大提高生产效益。

第三，农民专业合作组织使农民在产品品牌塑造、市场开拓方面大有可为，而拥有自己的特色产品品牌，并能提供质量稳定的产品正是市场经济中长期获利的重要条件。农产品大路产品多、名优产品少，低档产品

---

① 马东才：《新形势下增加农民收入的思考》，《南方论刊》2009年第2期。

多、高档产品少，普通产品多、特色品种少，初级产品多、加工产品少，是导致很多农产品竞争力不强的主要原因，也是农民增收困难的另一个主要原因。① 分散的个体农户在市场的汪洋大海里孤身行舟，在生产经营决策时根本不可能准确把握市场行情，只能靠自己的经验、感觉进行生产，难免造成农产品的雷同。而且，分散的农户也没有实力去维护一个品牌。通过成立农民专业合作组织，可以使农民发展当地的特色优势农业，进行规模化、专业化生产，形成具有特色的产业化生产格局，打出自己的品牌，开拓更大的市场，为持续增收创造条件。

第四，农民专业合作组织可以提高农民在市场交易中的谈判地位，从而帮助农民增收。农民专业合作组织把"小农"联合为"大农"，提高了农民进入市场的组织化程度，能显著提高农民的市场谈判地位，使农民对农产品价格定价处于较有利的竞争地位，防止农民在市场交易中利益受损。

总之，农民专业合作组织是促进农民增收的有效手段。从实践数据来看，也充分证明了这一点：据统计，加入农民专业合作组织的农户比一般农户的收入通常要高出 20%。山西省农民专业合作经济组织成员人均纯收入 3500 元，高出全省农民人均收入 21%，河南省农民专业合作经济组织成员户均收入达到 15000 余元，比没有加入合作组织的农户收入高出50%左右。② 据《经济参考报》报道，2006 年，全国农民专业合作组织经营服务盈余 325 亿元，平均每个成员获得盈余返还和股金分红收入 381元，成员农户收入普遍比非成员农户高出 20%左右。③ 远高于近几年全国农民年平均增收 6%的水平。④ 浙江是农业部 2003 年确定的全国唯一的农民专业合作组织试点省，据 2006 年该省农业厅对全省 323 家农民专业合作社的问卷调查，78.01%的社员人均年纯收入高出当地平均水平，其中49.03%的社员人均年纯收入高于当地平均水平 15%—60%，13.64%的社

---

① 马东才：《新形势下增加农民收入的思考》，《南方论刊》2009 年第 2 期。

② 尹成杰：《发展农民专业合作组织，推进社会主义新农村建设》，《农村经营管理》2006年第 9 期。

③ 农业部：《我国农民合作组织发展到 15 万多个》，《经济参考报》2007 年 10 月 16 日。

④ 《农业部就"农业发展与农民增收"答记者问实录》，人民网，2009 年 3 月 12 日。

员人均年纯收入高于当地平均水平二倍以上。①

四　农民专业合作组织是营造文明乡风的内在动力

乡风文明是新农村建设的精神内核，农民专业合作组织通过提高农民的科技、文化素质，培育农民的合作精神，可以大大促进乡风文明建设。

在我国，农民小学及以下文化程度占 37.3%，初中文化程度占50.2%，高中文化程度占9.7%，中专文化程度占2.1%，大专及以上文化程度占0.6%，文化程度普遍在初中以下。② 科技、文化素质的低下导致农民难以接受新技术、新方法，缺乏市场竞争意识和应用新品种、新技术开拓市场的胆识和魄力；小农的习惯性思维更是让农民独善其身、因循守旧。中央提出要培育新型农民，并让亿万农民发挥新农村建设的主体作用，但是，新型农民不仅要有文化、懂技术和会经营，而且首先要有不同于传统农民价值观的新型农民文化。③ 也就是说，新型农民的提法还不足以概括新农村建设对农民素质的要求，或者说，如果要把新型农民作为新农村建设的主人，那么，我们需要赋予他更丰富的内涵。人们普遍认为，传统的农民文化具有保守、消极和缺乏合作精神等特点④，那么培育新型农民，首先就要改变传统的农民文化，培育新型的农民文化。而农民专业合作组织由于其宗旨、原则的要求，正好可以克服传统农民文化中那些消极的方面，因而可以成为营造文明乡风的内在动力。

而且基于自然半自然经济的传统农业文明塑造了传统农业文明中小农的孤立、保守，对于农民"一盘散沙"的生活状态，马克思曾在《路易·波拿巴的雾月十八日》一文中论及法国农民时指出："小农人数众多，他们的生活条件相同，但是彼此之间并没有发生多种多样的关系。他们的生产方式不是使他们相互交往，而是使他们互相隔离。……每一个农户差不多都是自给自足的，都是直接生产自己的大部分消费品，因而他们取得生活资料多半是靠与自然交换，而不是靠与社会交往。……法国国民的广大群众，便是由一些同名数简单相加形成的，好像一袋马铃薯是由袋

---

① 赵兴泉等：《从 323 家合作社看浙江农民专业合作社发展》，《农村经营管理》2007 年第8 期。

② 马东才：《新形势下增加农民收入的思考》，《南方论刊》2009 年第 2 期。

③ 程同顺：《农民合作经济组织与社会主义新农村建设》，《河北学刊》2006 年第 3 期。

④ 同上。

中的一个个马铃薯所集成的那样。……而各个小农彼此间只存在地域的联系，他们利益的同一性并不使他们彼此间形成共同关系，形成全国性的联系，形成政治组织，就这一点而言，他们又不是一个阶级。"① 在工业化和工业文明的冲击下，农业和农民的生活方式受到了空前的挑战。在工业化的冲击下，对社会资本而言，任何投资都是为了获取产业资本的平均利润，农业唯有进行产业化经营，生产出行业间的平均利润，才能生存下去，虽然由于农业提供人们衣食原料的特殊性，各国政府对农业都有所保护。而一盘散沙的农民，资本极度零散，经营极度细碎，完全不能适应农业产业化经营的要求。所以，在英国这个最早完成工业化的国家，我们看到了圈地运动。然而，正如前文所述，中国的社会主义制度及现实国情都不允许我们通过强占农民的小块土地来达到农业产业化经营对土地的规模要求，但在工业化如火如荼的时代，也不可能让历史停下脚步，等待农民，因此，现实之选唯有通过联合，让农民跟上时代的要求。要让农民意识到，只有联合起来，才能找到出路。在这一问题上，农民专业合作组织正是能适应时代要求的新事物。这也是越发达的国家，农业合作社越高级的原因。

借助于农民专业合作组织，能够推进以农民为主体的乡风文明建设，这具体表现在以下方面：

其一，农民专业合作组织高度重视农民的合作精神培养，而合作精神正是乡风文明建设中极为重要的内容。小到家庭和睦，中到邻里互助，大到社会和谐，无不需要社会成员的合作精神。正如梁漱溟先生所言，"合作的根本，即在情谊相通"。合作是农民专业合作组织坚持的核心理念之一，农民合作经济组织的宗旨就是要摆脱农民个体独立经营所面临的势单力薄、孤立无援，通过合作增进农民的利益，这既体现了合作制度的互助精神，又是一种积极进取的意识，既是对传统农村文化的突破，也是对新农村乡风文明建设的推动。

其二，农民专业合作组织有助于农民走出封闭孤立的状态。从160多年前在英国小镇罗奇戴尔产生世界上第一个合作社以来，社员资格开放就是其第一条原则，合作社向所有能利用其服务并愿意承担社员责任的人们开放，绝不允许有任何种族、政治、性别或宗教的歧视。这与我

---

① 《马克思恩格斯选集》第 1 卷，人民出版社 1995 年版，第 677 页。

国传统的农民文化是完全不同的，我国传统的农民文化是一种以封闭为主要特征的血缘、地缘文化，这种文化对远近亲疏严格区别对待。农民专业合作组织中蕴含的开放精神有助于改变我国农民狭隘的社会交往和封闭意识，建立起适应工业文明的合作、开放的业缘关系，增进个体生活的幸福感。

其三，对成员的教育与培训是农民专业合作组织的重要工作内容，而这对于培育新型农民、塑造新型农民文化具有重要作用。农民专业合作经济组织为了自身的生存和发展，需要为成员提供技术、经营和培训的支持以提高组织的市场竞争力，需要通过对成员的文化及合作理念的教育以加强组织的凝聚力。有些西方国家如美国、法国都曾通过合作社对农民进行技术教育和推广，推动了农业技术的广泛应用和农业生产率的普遍提高。[1] 农民专业合作组织为了提高成员科技水平和经营管理水平，会经常以不同形式向农民普及农业科技知识和市场经营知识甚至国家的"三农"政策、法律知识，这对于提高农民的科技水平、经营水平、综合素质都有很大作用，因此对培育有文化、懂技术、会经营的新型农民会起到相当重大的作用，而且由于农民专业合作组织对农民的培训更有针对性，农民更乐意接受，培训效果甚至优于政府组织的农技推广活动。因此，农民专业合作组织是培育新型农民、塑造新型农民文化的重要载体，是建设文明乡风的强大动力。

其四，农民专业合作组织的成立，使农民更加关注生产经营，焕发了农民群众投身农业产业的激情，大家都想着怎么样学技术，增加收入，自然对赌博、打麻将等耗时费钱的不文明行为避而远之，家庭和睦了，邻里团结了，社会和谐了，精神面貌发生了显著改变[2]，为建设新农村提供了强大的精神动力。因此，农民专业合作组织能够为先进文化占领农村阵地、传播文明风尚提供内在动力。[3]

其五，关心社区发展是农民合作组织的原则之一，通过农民专业合作组织，可以团结农民维护社区公共利益，推动社区公共事业顺利发展，这些都有助于乡风文明的实现。

---

① 程同顺：《农民合作经济组织与社会主义新农村建设》，《河北学刊》2006年第3期。

② 尹成杰：《发展农民专业合作组织，推进社会主义新农村建设》，《农村经营管理》2006年第9期。

③ 杨中柱：《农民合作组织与新农村建设的战略思考》，《经济前沿》2006年第11期。

总之，农民专业合作组织能够培养农民具有现代工业文明所需要的合作、开放精神，帮助农民提高科技、文化素质，引导农村形成发展生产、勤劳致富、团结互助、合作共赢、崇尚科学的文明乡风，是培育新型农民、塑造新型农民文化的重要载体，是营造文明乡风的强大动力。

五　农民专业合作组织是完善乡村治理的参与主体

管理民主，是新农村建设的政治保证，也是新农村建设的重要任务。尊重和维护广大农民群众的民主权利，必须加强农村民主政治建设，完善乡村治理机制。乡村治理能否成功，关键在于农民能否通过制度化方式参与到乡村治理事务中来。农民专业合作组织在提高农民的民主素质、提高农民制度化政治参与水平、完善村民自治等方面发挥着重要作用，是推进以农民为主体的新农村民主政治建设的重要载体，也是当前农村民主政治建设中重要的参与主体。

（一）农民专业合作组织有助于提高农民的民主素质

推进管理民主，完善乡村治理，需要维护好广大农民群众的政治权利。而农民要真正有效行使自己的民主权利，必须具备足够的民主素质。民主素质包括民主意识、民主能力两大内容。民主意识包括权利意识、平等意识、参与意识、程序意识、监督意识等。其中，权利意识体现为维护、行使自身的政治权利的责任感，参与意识指权利主体对民主过程的参与愿望，程序意识体现为权利主体对决策程序公开透明的要求，监督意识指主体以主人翁的责任感，对民主运行进行监督的意愿。民主能力则主要与农民的文化素质、管理能力相关。农民的民主素质是加强农村民主政治建设的基础。当前，在我国的农村民主政治发展进程中，突出的问题是农民民主素质的低下。因此，培育新农村的主人——新型农民，不能仅仅停留在强调懂技术、会经营的经济层面，也不能停留在一般性地提高农民的教育水平上，必须对提高农民的民主素质给予足够重视。

参与公共政治生活，是提高农民的民主素质的基本途径。而农民专业合作组织为农民提供了一种参与准公共政治生活的平台，有助于锻炼农民参与民主选举、民主管理、民主决策、民主监督的能力，因而也有助于农民民主素质的提高。传统农村文化的保守、封闭、狭隘、讲究差序格局与现代政治文明所要求的"民主、自由、开放、平等"是格格不入的，而农民专业合作组织的原则中却蕴含着这些特征。作为"民办、民管、民受益"的经济组织，农民专业合作组织入社自愿、退社自由，对所有愿意并且能够承担社员职责的人们，社员资格完全开放，不允许任何种族、性别等歧视；管理上，农民专业合作组织实行社员共同参与、民主管理，原则上一人一票，实行对组织的民主控制；在与外界的关系上，合作组织强调各合作组织相互之间的合作以加强合作事业，并且强调关心所在社区的发展等；毫无疑问，在农民专业合作组织的这些特征中蕴含着"民主、自由、开放、平等"的精神，那正是发展现代政治文明的需要。因此，农民专业合作组织无疑会成为培养农民的民主意识，提高农民的民主能力的重要载体。

一般而言，农民加入农民专业合作组织的热情源于其经济利益的需要，所以一旦加入，对参与组织内部管理活动的热情很高。尽管目前很多地方的农民专业合作组织内部运行机制还不健全，但在参与组织活动的过程中，农民仍然激发起了对组织内部公共事务的兴趣和促进公共利益的责任感，大大增强了权利意识、平等意识、参与意识、程序意识、合作意识、监督意识等民主意识。而且作为一种准公共政治实践，农民通过参与合作组织的管理、经营活动，民主选举、民主管理、民主决策、民主监督的能力都得到了锻炼和提高，甚至可能还掌握了一些政治参与的技巧，比如团结他人、谈判协商。而所有这些对于增强农民的政治自信，从而积极参与政治有着莫大的影响。与一般社会成员相比，加入合作组织并在其中积极参与管理协调的农民对参与乡村政治也抱有更大的兴趣，同时拥有更大的能力。这从一项调查中可以清晰地看到。据浙江财经学院董进才教授2007年对浙江省示范合作社的农民政治参与状况的调查显示：合作社经营得越好，社员的政治参与意识越强，公民责任意识越浓厚。比如在村委会选举中，发展水平较高的合作社社员经常参加和每次都参加的这两项之和占全体社员总数高达94.9%，只有1.5%的人没有参加过；发展水平中等的合作社社员这两项之和占全体社员总数为63.6%，发展水平较低的合作社社员这两项之和占全体社员总数为77.2%；而来自民政部的资料表明，最近的一次村委会选举中各地平均参选率在80%以上。具体数据如表2-1、表2-2所示。

表 2-1　　　　　　　　　政治态度（公民责任感）　　　　　　（%）

	题项	A 类（综合水平较高）	B 类（综合水平中等）	C 类（综合水平较低）
参加村委会、地方人大代表选举状况	没有参加过	1.5	12.8	8.0
	偶尔参加	3.6	23.6	14.8
	经常参加	29.9	31.1	28.4
	每次都参加	65.0	32.5	48.8

说明：综合发展水平是对合作社决策民主程度、经营效果显著程度以及维护大多数社员利益程度三个因素的综合评价。据董进才调研显示，这三个因素之间存在强烈的正相关关系。越民主的合作社经营效果越好，对大多数社员利益维护也较好。A 类水平最高，B 类次之，C 类较差。分类依据如表 2-2 所示。

资料来源：董进才：《专业合作社农民政治参与状况分析——基于浙江省示范合作社的调查》，《农业经济问题》2009 年第 9 期。

表 2-2　　　　　　　　　　合作社发展水平　　　　　　　　（%）

维度	题项	第一组 A 类	第二组 B 类	第三组 C 类
决策机制	主要负责人决定	6.3	17.4	32.6
	理事会集体决定	20.4	22.8	30.2
	由社员大会集体作决定	73.2	59.8	37.2
经营水平	没有什么变化	3.3	5.3	16.7
	增加不多	5.2	12.0	17.2
	有一定增加	52.8	48.1	53.5
	有明显增加	38.7	34.6	12.6
维权能力	有时候利益不容易得到保障	11.9	15.9	30.1
	对于经营大户的利益维护更多些	5.6	21.5	29.2
	确实能够维护绝大多数社员利益	82.6	62.7	40.7

资料来源：董进才：《专业合作社农民政治参与状况分析——基于浙江省示范合作社的调查》，《农业经济问题》2009 年第 9 期。

这表明，管理越民主的专业合作社，农民得到的民主管理实践越多，其成员对参与政治兴趣也越高。专业合作社有利于培养农民具有健康向上的政治态度和政治参与意识，而且发展程度越高越显著。[1] 有理由相信，随着农民专业合作组织的发展壮大，农民的民主素质必将大大提高。

――――――――――

① 董进才：《专业合作社农民政治参与状况分析——基于浙江省示范合作社的调查》，《农业经济问题》2009 年第 9 期。

（二）农民专业合作组织有助于农村社会资本的培育

农民专业合作组织还能够在培育基于相互信任、合作的社会资本方面发挥积极作用。社会成员相互的信任、合作是社会资本的重要内容，是社会成员有效参与政治的一个重要条件。农民专业合作组织通过开展各种活动，可以促进农民之间的相互了解和相互认同，有助于培育以信任、合作为基础的农村的社会资本。[①] 而且农民专业合作组织是以某一产业为纽带组建起来，突破了农村传统的血缘及地缘关系，实现了跨村、乡行政边界较大范围的同业农民联合，这有助于培育更广范围的社会普遍信任和互利合作。农民专业合作组织这种超越地缘、血缘关系、以业缘为纽带的特征，使其从一开始就为建立更大范围的信任合作提供了组织载体，使农民大范围联合成为可能，因而也就成为培育农村现代社会资本的基础。[②] 这必将为农民参与政治提供更大的支持，也必将激发农民更大的政治参与热情。这些新兴社会资本的产生、发展也终将对包括村民自治在内的乡村治理产生积极影响。

（三）农民专业合作组织能够扩大农民制度化政治参与的途径

政治参与是公民通过各种方式参与政治生活的行为，农民的政治参与主要体现在农民参与农村基层民主政治生活。从有序性、规范性的角度来看，农民的政治参与主要有两种方式：制度化政治参与和非制度化政治参与。制度化政治参与是指通过符合制度要求的、合法的手段参与政治；非制度化政治参与，是指通过不符合制度要求的，甚至不合法的方式参与政治，属于无序化政治参与的范畴。通过制度化政治参与的方式来实现自身的权益，是现代法治社会的必然趋势。但由于种种原因，一旦制度化的政治参与不能解决问题时，为维护自身权益，农民选择无序的、非制度化的政治参与方式就在所难免。当前，农民的这种非理性、无序性政治参与，正呈不断上升的趋势，事态的发展已严重影响到农村的政治稳定和新农村建设[③]，成为一个亟待解决的问题。而农民专业合作组织能提高农民的政治参与的制度化和秩序化水平，减少无序的政治参与，有利于农村政治稳定和完善乡村治理，减少农村群体性事件的发生。

---

① 阚和庆：《论农民合作组织对农村政治发展的功能价值》，《山东省农业管理干部学院学报》2010 年第 6 期。

② 苗月霞：《新型农民合作经济组织与乡村治理》，《武陵学刊》2010 年第 6 期。

③ 刘勇：《乡村治理视域下的农民非制度政治参与》，《党政干部学刊》2010 年第 5 期。

　　首先，农民专业合作组织可能成为未来农村民主政治建设中农民的利益代言人。参与政治需要有一定的组织条件。在现代政治体系中，通过组织社团形成自己的利益代言人是每一个利益群体的寻常做法，但是，农民出于维护自身的政治利益而结成社团却并不容易。在漫长的封建小农经济时代，农民就是一个高度分散的群体，自我国推行家庭承包经营责任制以来，农民在很大程度上又回归到农业文明时代的小农化生存状态，重新恢复成为马克思所说的只是形式上在一起，本质上高度分散的"一袋马铃薯"。高度分散的小农已成为我国推进现代化的一大障碍。要发展包括政治民主在内的现代化事业，需要从根本上改变农民的这种生存状态，把数以亿计的农民联合起来，共同发展农业生产，共同参与政治活动。

　　从理论上来讲，现行体制下农民并非没有利益代言人。因为在我国"乡政村治"的体制下，乡政府是我国的基层政府，村委会是基层群众自治组织，从理论上来讲，村委会就是农民的利益代言人，但是，由于村委会事实上的行政化色彩，通常被农民认为是基层政权的延伸而非农民的组织，很多时候并不为农民所认可。由于目前农民认可的利益代言人的缺失，农民专业合作组织作为农民自发建立的组织，随着发展壮大，完全有可能成为农民的利益代言人，不仅在经济活动中满足农民的经济利益，还会逐渐在农村的政治活动中代言农民群体的政治利益。浙江财经学院董进才教授在主持 2006 年国家社科基金项目"农民专业合作组织的政治参与问题研究"时，课题组通过对浙江、湖南、河北、山东等省农民专业合作社非经济功能的实地调研，就得出一个结论：农民专业合作社发展壮大后，作用不再局限于经济领域，开始向政治领域渗透，并且已经有参与政治的内在要求。[①]

　　其次，农民专业合作组织参与政治有利于维护农村社会稳定。据中国社科院于建嵘教授对全国农村重要的群体性抗争事件从 2003 年 8 月至 2004 年 10 月在全国 13 个省（市）26 个县市展开的调研结果显示：农民维权组织的建立，意味着农民的抗争会更加理性，有利于社会的稳定。[②]他认为，在一定的意义上，农民维权组织可以成为新的民间权威，填补农

---

　　① 董进才、严良海：《农民专业合作社的政治参与状况调查》，《农村经济》2009 年第 2 期。

　　② 于建嵘：《当代中国农民维权组织的发育与成长——基于衡阳农民协会的实证研究》，《中国农村观察》2005 年第 2 期。

村目前的民间权威的空白，成为农民与政府的中介，有效地阻止农民维权抗争活动以非理性的无序化方式表现出来。事实也证明了这一点。在农民维权组织比较发达的地方，由于农民代表相约要理性维权，很少有因农民自身的原因而引发的恶性群体性事件。[①] 因此，从一定意义上来讲，允许农民通过农民专业合作组织集体表达政治诉求，使农民专业合作组织成为以追求农民的经济利益为主，实现农民的政治利益为辅的综合性组织不失为目前一个引导农民有序参与政治的有效途径。

再次，由农民合作经济组织代言农民政治利益的情况在其他国家也多有体现。国外的很多农民合作经济组织，如欧洲、美国的合作社，日本、韩国的综合农协等，都不仅具有强大的经济功能，还是政坛上一股独立的政治力量，这些组织往往通过游说、公开运动、和平示威、影响选举、停止合作等各种方式参与国家政治，提出自己的政治主张，甚至推举出一定数量的议员去影响国会决策，政府在政策的制定和执行中最终也不得不考虑农民的权益。[②]

最后，从合作组织产生的根源来看，包括农民专业合作经济组织在内的所有合作组织都带有一个与生俱来的社会特征——制度益贫性。从1844 年在英国小镇罗奇代尔世界上第一个消费合作社——公平先锋社产生以来，在很长一个时期里，西方国家的合作社都曾是社会弱势群体为了自我经济保护而结成的自助组织，其初衷具有明显的益贫性，而合作社由于其制度益贫性，从来就不是一个单纯的经济组织，而是带有与生俱来的社会弱势群体各方面合作、互助的社会功能，其中就包括为农民争取政治权利。

总之，通过农民专业合作组织，农民可以集体表达自己的政治诉求，政府可以了解农民的政治意愿，它可以成为连接政府与农民的中介，成为乡村治理体制中有效的行为主体，这对于减少农民个体的非理性、无序性政治参与活动，维护农村政治稳定将起到极大的帮助。农民专业合作经济组织能够成为未来我国农民制度化参与政治的有效组织载体。

---

① 于建嵘：《当代中国农民维权组织的发育与成长——基于衡阳农民协会的实证研究》，《中国农村观察》2005 年第 2 期。

② 董进才、严良海：《农民专业合作社的政治参与状况调查》，《农村经济》2009 年第 2 期。

（四）农民专业合作组织的政治参与有助于完善村民自治

乡村治理就是在乡镇政府的组织和调控下，引导农民有序地、制度化地进行政治参与，逐步实现村级事务的自我管理。其核心是村民自治。相对于个体农民分散的政治参与来讲，组织起来的农民拥有更强的政治参与能力。

从民主管理方面看，农民专业合作组织可以大大增强农民作为群体的政治力量，从而能够平衡农村各种政治参与力量，制约基层政权组织滥用权力，防止农民因缺乏有效的组织而权利受损。正如孟德斯鸠在《论法的精神》里所指出的："必须让社会中的主要利益团体联合参与政府组织，以此来防止任何一个利益团体可能将自身的意志强加于其他利益集团。"①

从民主决策方面看，农民专业合作组织是乡村自治中实现农民利益的重要手段。目前，我国的社会格局正在发生深刻变动，社会各阶层的利益关系也正在发生深刻变化，如何在纷乱的社会利益格局中保障农民的利益，成为一个重大的现实问题。显然，分散的个体农民因个体利益的具体差异在利益表达上显得不够集中，而且也不容易在重大事项上达成一致，以致农民在整个政治参与体制中处于劣势，其作为群体的最大利益容易为其他政治势力所瓦解。而农民专业合作组织因为把分散的个体农民组织到了一起，可以整合个体农民的利益，增强农民作为群体的利益表达力度，这对于在民主决策中农民的利益实现将起到重要的组织保障。

从民主监督方面看，农民专业合作组织能够发挥比个体农民更有效的监督作用，它可以以整体的名义代表具有相同利益的村民对村庄治理进行民主监督，对村两委的工作施加不容忽视的影响。

从协调政府与农民的关系方面看，农民专业合作组织能增强农民与基层政府对话的能力，帮助农民抵制不合理的行政干预，使农民享有更充分的村庄自治权，这也意味着乡村政府与农民关系的进一步调整、优化，有利于农村的社会稳定和乡村民主政治的建构。

总之，在基层村庄政治建设上，农民专业合作组织提高了农民的组织化程度，有利于基层民主决策、民主管理、民主监督的加强，有利于农民

---

① 孟德斯鸠：《论法的精神》，转引自张晓忠、杨嵘均《农民组织化水平的提高和乡村治理结构的改革》，《当代世界与社会主义》2007年第6期。

利益表达和民主参与过程的有序化、制度化和对国家权力社会监督的机制化，是促进基层民主政治发展的重要参与主体。

第三节　农民专业合作组织是发挥农民主体性的重要载体

现阶段，新农村建设中存在一个突出问题，即新农村建设主要靠政府推动，新农村是政府主导下的新农村；农民的主体性没有发挥出来。造成这一现状的原因与新农村建设中缺乏发挥农民主体性的组织载体有关。笔者认为，培育和发展农民专业合作组织，是在新农村建设中促进农民主体性作用发挥的重要途径。

一　发挥农民的主体性是新农村建设的关键

自从党的十六届五中全会提出建设社会主义新农村以来，我国农村发生了巨大变化。但是，本该是新农村建设主角的农民成为新农村建设的旁观者，其参与权、决策权、评判权基本形同虚设。这就使新农村建设陷入一个困境：新农村建设如何完全取决于政府做了多少工作，比如是否投资，投了多少；更甚至可能出现一种情况：政府累得精疲力竭，农民还没找到主角感觉，农村只是从外面看起来"被新农村"了，作为农村核心的农民还是原来的农民，政府的行动一旦停止，"新农村"马上就"新"不起来了。

因此，社会主义新农村建设成败的关键在于能否发挥农民的主体性。从根本上来说，发挥农民的主体性，才是社会主义新农村建设的关键。党的十七大报告中也明确指出："培育有文化、懂技术、会经营的新型农民，发挥亿万农民建设新农村的主体作用。"十七届三中全会又进一步强调："充分发挥农民主体作用和首创精神，紧紧依靠亿万农民建设社会主义新农村。"新农村归根到底是农民的新农村，要实现真正的新农村建设，必须发挥农民的主体作用，只有农民真正参与的新农村，才有可能成为可持续发展的新农村。坚持农民的主体地位，充分发挥广大农民在新农村建设中的主体性作用，是决定新农村建设成功的关键。

二　农民主体性的体现

新农村建设中，农民的主体性主要体现在以下几个方面：

　　首先，农民是新农村建设的利益主体。让广大农民分享社会发展成果是农民主体地位的重要体现。实现好、维护好、发展好占中国人口大多数的农民的根本利益，是新农村建设的出发点和落脚点。突出农民作为新农村建设的利益主体地位，就要尊重农民主体地位，发挥农民首创精神，保障农民各项权益。一要问计于民，二要保障农民的知情权，三要保障农民的选举权，四要保障农民的决策权，五要保障农民的监督权，六要把评判权交给农民。总之，政府不仅要重视在经济上保障农民的物质利益，帮助扶持他们增收，而且要重视在政治上尊重农民的民主权利，在科教文化卫生等方面提供更多的公共服务，以满足其需求，使农民得到实实在在的实惠。[①]

　　其次，农民是新农村建设的决策主体。农民成为决策主体是农民主体地位的实质体现。建设什么样的新农村，怎样建设，农民最有发言权。农民不应该仅是农业生产活动、农业投资方向的决策者，也应该是村务管理的最终决策者。只有农民真正能够当家做主、成为新农村建设主力军的时候，新农村建设才能成为农民群众的自觉行动，亿万农民群众的积极性、主动性才能最大限度地爆发出来，新农村建设也才能获得永不枯竭的动力。[②] 我国每个村都建立并实施了村民会议和村民代表会议制度，农民自己的事情自己议、自己办，办哪些，不办哪些，什么事先办，什么事后办，怎么办，都主要由农民自己决定。新农村建设中，涉及农民切身利益的事项，比如主导产业定位、民居规划布局和房屋户型设计选择，都应由农民民主讨论，按多数人的意见做决定，充分体现农民的决策权。[③]

　　再次，农民是新农村建设的行为主体。"生产发展"靠农民。调整农业产业结构，转变农业发展方式，提高农业增长效益，要靠农民。"乡风文明"建设要靠农民。没有农民的自觉行动，文明乡风建设就是空中楼阁。"村容整洁"也要靠农民。治理"脏、乱、差"，改变村庄面貌，建设整洁的新农村，从根本上要靠农民。"管理民主"更要靠农民。只有农民真正能行使其民主权利，积极参与村务的民主管理，才能真正实现农村的管理民主。

---

　　① 邱云生、王晓红：《新农村建设：政府主导与农民主体》，《农村经济》2007 年第 2 期。

　　② 蒲忠：《建设社会主义新农村必须充分发挥农民主体作用》，《理论与改革》2007 年第 6 期。

　　③ 邱云生、王晓红：《新农村建设：政府主导与农民主体》，《农村经济》2007 年第 2 期。

三　为什么要发挥农民的主体性

之所以要强调发挥农民的主体性，从根本上来讲是贯彻以人为本的要求。科学发展观的核心是以人为本，坚持以人为本，必须以广大人民群众的根本利益为制定方针政策的出发点、落脚点，尊重人民主体地位，发挥人民首创精神，做到发展为了人民、发展依靠人民、发展成果为人民共享。坚持以人为本，就必须尊重人民、相信人民、依靠人民，发挥人民的主观能动性。以人为本贯彻落实到新农村建设中，就是要以农民为本，充分尊重农民的意愿，维护和实现农民的根本利益，依靠农民，最广泛、最充分地调动农民建设新农村的积极性、主动性和创造性，推动农村经济社会的全面进步。这就是以农民为主体进行新农村建设。

胡锦涛同志在省部级领导干部建设社会主义新农村研讨班上的讲话中指出："要调动广大农民群众的积极性和创造性。广大农民群众是推动生产力发展最活跃、最积极的因素。充分发挥广大农民群众的主体作用，是确保建设社会主义新农村成功的关键。"邓小平同志更是党内尊重农民首创精神的典范，他多次强调："农村搞家庭联产承包，这个发明权是农民的。农村改革中的好多东西，都是基层创造出来，我们把它拿来加工提高作为全国的指导。"①

另外，韩国新村运动的经验也告诉我们，韩国成功的关键是发挥了韩国农民的主体作用，正是由于农民积极、广泛地参与了新村建设，韩国新村运动才取得了成功。韩国新村运动的基本精神是"勤勉、自助、协同"，正是这种精神保证了新村运动的成功。农民是农村的主人，必须充分尊重农民的意愿，让农民自己选择符合自己实际的发展模式，参与实施方案的制定和操作，主动出资出力，自觉投入新村建设。因此要依靠农民，让农民成为新农村建设的主体，尊重农民的首创精神，激发农民的创业激情。

四　怎样发挥农民的主体性

发挥农民的主体性，首先要处理好新农村建设中政府主导与农民主体的关系，其次要提高农民的组织化程度，使农民能将主体性充分发挥

---

① 《邓小平文选》第3卷，人民出版社1993年版，第382页。

出来。

（一）处理好新农村建设中政府主导与农民主体的关系

一方面来说，新农村建设需要政府主导，而另一方面，新农村建设也需要农民主体，这两个方面中前者是新农村建设的外因，后者是新农村建设的内因，二者相互配合，新农村建设才能顺利推进。

政府主导，就是政府为新农村建设提供政策导向和宏观规划；提供财政支持和政府服务；协调国家整体利益和农民、农村的局部利益、个人利益的关系。[①] 新农村建设需要政府主导，是因为：第一，新农村建设是国家现代化建设事业的重要方面，不仅事关农业、农村和农民，也是国家整体利益的重要部分，政府作为国家利益的代表，主导新农村建设责无旁贷。第二，新农村建设需要政府提供全方位的支持，尤其在宏观规划、组织调动、资金投入等方面，没有政府的组织、引导和支持，新农村建设很难取得突破性进展。第三，新农村建设中发生国家、集体和农民的利益冲突时，需要政府从中协调，从兼顾各方利益出发寻找解决方案。政府主导，有利于引导新农村建设走上正确方向，加快新农村建设步伐。

同时，新农村建设也需要农民主体。新农村建设必须是为了农民、依靠农民、发展农民和提升农民。新农村建设中的农民主体应该体现为：一切关于新农村建设的政策措施都要得到农民的认可；农民应当是新农村建设的路径选择者、过程实施的决定者和成功与否的检验者和裁决者；新农村建设中各种来自外部的支持，不应成为对农民的要挟。农民主体，有利于充分发挥农民的积极性、主动性、创造性，使新农村建设可以持续推进。

在目前农民尚未整体转变为新型农民的形势下，想要快速推进新农村建设，借助于政府主导的作用显然十分关键，而且，就农村的长期发展而言，也不可能离开政府的引导，在韩国新村运动中也有这样的经验。但是，从根本上来说，任何事物的发展最终要靠内因的推动，外因归根到底只是事物发展的助推力而非主动力，外因只有通过内因才能真正发挥推动事物前进的作用。因此，在新农村建设过程中，要深刻认识到一方面政府主导和农民主体二者缺一不可，另一方面又需抓住农民主体这个内因，才能使新农村建设持续顺利推进。

---

① 蔡永飞：《"政府主导"与"农民主体"》，《农民日报》2007 年 5 月 16 日第 3 版。

（二）提高农民的组织化程度，发挥农民的主体性

要发挥农民的主体性，需要具备三个条件：一是提高农民的主体意识，并充分尊重农民的主体地位与首创精神；二是提升农民的主体能力；三是提高农民的组织化程度，使其主体性充分发挥出来。这三个条件中，最关键也最急迫的是提高农民的组织化程度。

激发农民的主体意识，并充分尊重农民的主体地位是充分发挥农民主体性的前提。充分发挥农民的主体作用，首先必须激发农民的主体意识并尊重其主体地位。尊重农民的主体地位，唤醒农民的主体意识，农民才可能发挥主体作用。2007 年 7 月 5 日，《南方周末》曾有一篇曹海东所著文章，题目为《新农村建设：农民集体失语？》，文章讲述了新农村建设一年来的情形，提出一个问题：本该是新农村建设主角的农民，却在政府、学者热热闹闹的新农村讨论中集体失语，完全找不到主角的感觉。[①] 直到现在，很多农村地区的农民仍然对新农村建设漠不关心，主体意识尚未唤醒。同时，仅仅唤醒农民的主体意识还不够，政府还要充分尊重农民的主体地位和首创精神。在革命和建设史上，毛泽东、邓小平等老一代领导人非常尊重农民的首创精神。毛泽东在土地革命时期，发动农民搞革命是我们党能领导土地革命成功的重要原因。邓小平同志在改革开放以来，尊重农民首创精神，实行家庭联产承包责任制，打开了中国社会主义建设的新局面，奠定了我国改革开放和走中国特色社会主义道路的政治基础。现在，随着新农村建设的推进，广大农民的参与热情正在提高，主体意识正在增强，主体作用正在体现。但从整体来看，还有相当数量的农民主体意识尚未萌发，主体作用尚未体现。需要通过各种方式让农民深刻地认识到，他们是新农村的建设者、受益者、决策者、参与者，而不是旁观者。只有农民真正意识到自己才是新农村建设的主体，把目前由政府推动的新农村建设转变为自己的自觉行动，农民的主体作用才能得到体现。

提升农民的主体能力是发挥农民主体作用的核心。只有具备足够的主体能力，农民的主体意识才能转化为现实的主体作用。要提高农民的主体能力，需要培养有文化、懂技术、会经营的新型农民，增强农民自我发展的能力。这既是新农村建设的目标，也是推进新农村建设的根本。培育新型农民，首先要加强农村教育。据统计，我国农民高中及以上文化程度的

[①]　曹海东：《新农村建设：农民集体失语？》，《南方周末》2007 年 7 月 5 日第 C18 版。

只占13%，初中的占49%，小学及小学以下的占38%，不识字或识字很少的占7%，只有5%的农民接受过农业职业教育。当前，要巩固农村九年制义务教育普及成果，提高义务教育质量，完善义务教育经费保障机制，尽早普及农村高中阶段义务教育，重点发展农村中职教育和农民实用技能教育。其次，要强化农民的市场意识，塑造懂市场、会经营的农民。在工业化、市场化、全球化的冲击下，农民如果固守传统农业的经营理念，缺乏市场观念，必然会严重影响农民主体作用的体现。必须大力加强农民的市场意识，培育农民的现代农业经营理念，提升农民的市场竞争能力。只有农民通过培养具备了足够的主体能力时，农民的主体性才能真正发挥出来。显然，农民主体能力的培养是一个长期的过程。

但是，所有这些都不是目前最重要、最急迫的，当前最关键的是提高农民的组织化程度。要发挥农民的主体性，首先要把亿万农民组织起来，提高农民的组织化程度，使分散的个体"小农"联合为"大农"是保护农民的群体利益不被侵害的重要条件。沙砾般任风吹扬的"小农"一旦联合为"大农"，必将获得能抵抗十级强风的长城般的力量。这对于农民作为群体发出自己的声音至关重要。组织起来的农民无论在农业生产、产品销售还是在文化娱乐、参政议政方面都将拥有全新的力量。一旦农民的主体意识觉醒，组织起来的农民就能发挥很大的主体作用，而且一旦主体意识被唤醒的农民组织起来，其主体能力也会迅速提高。所以，无论现阶段农民是否已经具有足够的主体能力，都可以通过提高农民的组织化程度首先使农民的主体性发挥出来。因此，目前最为急迫的是提高农民的组织化程度。

五 以农民专业合作组织为载体，推进以农民为主体的新农村建设

发挥农民的主体作用，需要把广大农民组织起来；要把农民组织起来，需要借助于农民合作组织。当前，方兴未艾的农民合作组织是农民专业合作组织。作为当前最重要的农民自发组织形式，农民专业合作组织是发挥农民主体作用的重要载体。以农民专业合作组织为载体，提高农民的组织化程度，进而使农民发挥出其主体作用，推进以农民为主体的新农村建设，是建设社会主义新农村的现实选择。具体来说，当前需要以农民专业合作组织为载体，推进以农民为主体的农民现代化、农业产业化、乡风文明化、乡村民主化。

（一）推进以农民自身为主体的农民现代化

农民的现代化是新农村建设的核心任务。继 2006 年中央 1 号文件提出建设社会主义新农村的规划后，2007 年中央 1 号文件《关于积极发展现代农业扎实推进社会主义新农村建设的若干意见》又进一步指出："发展现代农业是社会主义新农村建设的首要任务"，而"建设现代农业，最终要靠有文化、懂技术、会经营的新型农民"。也就是说，农业现代化最终取决于农民的现代化，要"用培养新型农民发展农业"。美国社会学家阿历克斯·英格尔斯在《人的现代化》一书中也曾经论述过人的现代化在整个现代化建设中的作用，他认为："人的现代化是国家现代化必不可少的因素，它并不是现代化过程结束后的副产品，而是现代化制度与经济增长赖以长期发展并取得成功的先决条件。一个国家，只有当它的人民是现代化的，它的国民从心理和行为上都转变为现代人格，它的现代政治、经济和文化管理机构中的工作人员都获得了某种与现代化发展相适应的现代性，这样的国家才可真正称为现代化的国家。"① 由此可见，农民的现代化对于我国实现农业的现代化有着至关重要的意义，建设社会主义新农村的重大历史任务能否顺利实现，关键取决于农民是否能实现现代化。

在这里，现代化的农民与新型农民是既有区别、又有联系的一对概念。如果把完成现代化的农民叫作现代农民，那么，现代农民是比新型农民内涵更丰富的一个概念，它不仅包含了新型农民有文化、懂技术、会经营的素质要求，还应该具有不同于传统农民价值观的新型农民文化，要有现代文明所要求的"民主、平等、自由、开放"等文化新理念，换言之，要有与工业文明时代所适应的种种素质。在一定意义上，新型农民是从经济角度提出的一个概念，较为强调其内涵的经济因素和实际的经济意义；现代农民则是一个综合了经济、文化、政治诸因素的一个全方位概念，它要求农民不仅要在经济上适应工业化、市场化、全球化的挑战，在农业经营中依靠技术、善用市场，还要求农民要在文化上具有现代文明的理念，如"民主、平等、自由、开放"，更要求农民在政治上追求民主，尊重法制，实现自己参与政治的权利。

---

① ［美］阿历克斯·英格尔斯：《人的现代化》，殷陆军编译，四川人民出版社 1985 年版，第 8 页。

作为新农村建设主体的农民，必须是这样的高素质现代农民。但是，由于种种历史的原因，我国农民整体素质相对较低，这已成为制约社会主义新农村建设的主要因素。因此，新农村建设最为迫切的要求是采取各种有效措施，全面提高农民素质，实现农民的现代化。要提高农民的科学文化素质，培养农民具有现代文明理念，引导农民参与政治，提高农民的民主素质。

在农民现代化的进程中，有政府推动的被动现代化，也有农民自我主导下的现代化。以农民自身为主导的农民现代化，也就是农民在追求自我价值实现的目标下发生的诱致性变迁，而非在政府等外力作用下的强制性变迁。对于实现以农民自身为主导的农民现代化而言，农民专业合作组织是一个极为重要的组织载体。

如前文所言，从经济上来说，农民专业合作组织本身是一种经济组织，对提高农民的技术水平，锻炼农民的经营能力，促进农民增收有着显著作用。从文化上来说，农民专业合作组织能够培养农民具有现代工业文明所需要的合作、开放精神，帮助农民提高科技、文化素质，引导农村形成发展生产、勤劳致富、团结互助、合作共赢、崇尚科学的文明乡风。从政治上来说，农民专业合作经济组织为农民提供了一种参与准公共政治生活的平台，能使农民在组织管理实践中践行民主活动，锻炼农民参与民主选举、民主管理、民主决策、民主监督的能力，提高民主素质。因此，农民专业合作组织可以成为推进以农民自身为主体的农民现代化的组织载体。

对这一点，美国社会学家英格尔斯在《人的现代化》一书中也提到，他把合作社看成是促进农民现代化的学校。[1] 发达国家的经验也表明，农民合作社是对农民进行教育培训、促进农民综合素质提高的有效平台。浙江财经学院董进才教授通过调研也有类似发现：合作社的发展有利于培养农民健康向上的政治态度和民主参与意识，发展程度越高，这种教育功能就越强。[2]

（二）推进以农民为主体的农业产业化

以农民为主体的农业产业化应该是农民主导的农业产业化，也是农民

---

[1]　董进才：《专业合作社农民政治参与状况分析——基于浙江省示范合作社的调查》，《农业经济问题》2009 年第 9 期。

[2]　同上。

从中获益的农业产业化。个体农民通过农民专业合作组织联合起来，再通过农民专业合作社自办加工企业，也就是农民自己组建企业去进行垂直一体化经营，形成"农户+合作社+社办企业"这种从农村自下而上的、农民主导的农业产业化经营的新模式。

推进以农民为主体的农业产业化，也就是推进农民专业合作组织主导下的农业产业化经营，使农民真正成为农业产业化的受益者。2010 年中央一号文件提出"扶持农民专业合作社自办农产品加工企业"。这是我国农民专业合作社未来发展的方向。目前大量存在的"公司+农户"的农业产业化模式虽然也能促进农业的发展，但企业与农户是以合同为连接方式，双方在利益的分配上是有竞争的，企业往往独占农产品的深加工、仓储、运输、销售等环节产生的利润，而农民只得到了最低的价值回报。而据农业部统计，发达国家通过对农产品深加工获得的产值是农产品本身价值的 4—5 倍。① 而农民通过成立农民专业合作组织自办加工企业，可以从农业经营中得到更大的利益回报，它与"公司+农户"的产业化模式的本质区别就在农产品深加工产生利润的分配上。中国特色的现代农业产业体系建设中，无疑应把是否能让农民成为产业体系的最大受益者作为最重要的标准，应该尽可能地使农业产业体系所产生的利润主要分配给农民，真正提高农民的收入。因此。应当大力推进农民专业合作社主导下的农业产业化经营，使农民真正成为农业产业化的受益者。

（三）推进以农民为主体的乡风文明化

推进以农民为主体的乡风文明化，也就是以农民专业合作组织为载体，推进乡风文明建设。1995 年，国际合作社联盟在成立 100 周年之际召开了第 31 届代表大会，大会通过以下七条合作社基本原则：自愿和开放的社员资格、社员的民主控制、社员的经济参与、自治和独立、教育、培训和信息、合作社之间的合作、关心社区发展。这些原则中包含着的合作、自由、平等、开放、民主、关心社区等精神正是营造文明乡风所需要的，如前文所述，农民专业合作组织通过开展合作事业间接地提高了农民合作、平等、开放、民主等现代文明理念，有助于引导农村形成团结互助、合作共赢、发展生产、勤劳致富、崇尚科学的文明乡风，是培育新型

---

① 左宁：《发展农民专业合作社是建设现代农业的重要途径》，《湖南农业科学》2008 年第 5 期。

农民、塑造新型农民文化的重要载体,是营造文明乡风的强大动力。因此,农民专业合作组织在推进以农民为主体的乡风文明化中发挥着独特作用。

(四) 推进以农民为主体的乡村民主化

推进以农民为主体的乡村民主化,就是要"保障农民享有更多更切实的民主权利"①。尊重和维护广大农民群众的民主权利,必须加强农村民主政治建设,完善乡村治理机制。通过农民专业合作组织,把农民组织起来,在基层农村的民主政治建设中发挥农民的主体性作用,行使宪法和法律赋予农民的各种权利,更好地推进乡村民主化的进程。

民主政治建设是新农村建设的重要任务。乡村治理能否完善,关键在于农民能否通过制度化方式参与到乡村治理事务中来。农民专业合作组织在提高农民的民主素质、提高农民制度化政治参与水平、完善村民自治等方面发挥着重要作用,是推进以农民为主体的新农村民主政治建设的重要载体。第一,农民专业合作组织为农民提供了一种参与准公共政治生活的平台,有助于锻炼农民参与民主选举、民主管理、民主决策、民主监督的能力,因而也有助于农民民主素质的提高。第二,在村庄治理中,农民可以通过农民专业合作组织表达自己的政治诉求,政府可以通过农民专业合作组织了解农民的政治意愿,使农民专业合作组织成为连接政府与农民的中介,成为乡村治理体制中有效的行为主体,这对于减少农民个体的非理性、无序性政治参与活动,维护农村政治稳定将起到极大的作用。

---

① 《中共中央关于推进农村改革发展若干重大问题的决定》,《光明日报》2008 年 10 月 20 日第 1 版。

第三章 我国农民合作经济组织的发展历史

第一节 新中国成立前我国的农村合作实践

合作思想在 20 世纪初传入我国，薛仙舟是我国最早研究、宣传合作思想的学者，他指导下的复旦平民学社和《平民》周刊在 20 世纪 20 年代初是中国知识分子研究合作思想的中心阵地。随着合作思潮的形成，20 年代起，以华洋义赈会为代表的民间力量开始在农村发起信用合作运动，以梁漱溟、晏阳初为代表的知识分子则积极投身于乡村建设运动，20—30 年代的这些合作实践不仅推动了当时的合作运动，而且深刻地影响了我国现在的农民合作思潮，至今，仍有追随乡村建设派足迹的知识分子在各地发起民间乡建合作实验。其后，南京国民政府在国统区开展的农村合作运动也为今天我们由政府自上而下推动农民合作提供了一定的历史借鉴；而我们党在革命根据地的农村合作实践则更是成为新中国成立后我们党制定农村政策的重要依据。事实上，虽然时过境迁，过去的农村合作运动无论从时代条件，还是合作目的、合作形式等各方面来说已与今天的农民专业合作大相径庭，但是，任何国家合作运动的发展皆非一日之功，尤其是合作文化的培育更需历经若干时代的洗礼方能完成，而在新中国成立前的这些合作实践影响下，合作、互助、开放、平等、民主等合作理念在我国民众中逐渐形成、发育，而这些理念最终成为今天我国农民自发组建农民专业合作组织的历史渊源。

一 20 世纪初期合作思潮的兴起

20 世纪初，合作思潮开始在我国传播。当时，合作思潮在我国的传播有着深刻的国际国内社会历史原因。

19 世纪后半期，达尔文的生物进化理论被斯宾塞、尼采、赫胥黎等人引入到社会历史领域，提出了"社会达尔文主义"，他们用生存竞争、优胜劣汰之原则来阐释人类社会的进化，由此带来了人类历史观的大变革。而社会进化论的经济基础就是 18 世纪以来在欧洲风行的市场经济。与市场经济适应的强者存、弱者亡的生存竞争被认为乃是世间公理。当时，近代中国正在列强的炮火下艰难前行，救亡图存成为一代知识分子最神圣的使命，在这一背景下，学习西方渐成潮流。面对国家被"瓜分豆剖"之形势，"物竞天择、适者生存"的社会达尔文主义逐渐为越来越多的有识之士所认同。尤其是 1898 年甲午战争后，严复出版《天演论》，从世界观高度介绍和阐发"天演之学"后，更是在国人心中掀起了排空巨澜，此后，"进化之语，几成常言"。

但是，20 世纪初期资本主义的第一次世界大战和战后各国的艰难困苦，暴露了笃信生存竞争的西方资本主义文明的弊端，打破了西方对理性和科学的乐观。西方文化世纪末危机的悲观论调开始充溢于欧美世界，中国学界也因此对"生存竞争"理念产生了怀疑，开始反思和批判。当时《学艺》杂志上的一篇文章抨击说："达尔文提出进化论，说生存竞争是天演之公理。故今日之人皆信人类欲自己生存，不能不与人竞争。因须与人竞争，遂不能不用各种之手段。……因之强凌弱、众暴寡，遂成今日之世界焉。"① 在此情景之下，19 世纪后半期，在欧洲为应对资本主义剧烈的生存竞争而产生的合作组织制度开始引起国内人士的注意。当时许多人认为无限制的竞争，其结果"一面为进化，一面为堕落"，而合作、互助则相反，可使"优者无损于胜，劣者亦随而胜"，最终在"全数皆进化"的基础上形成人际间的合作关系。基于此，合作、互助观念几乎为 20 世纪 20 年代进步知识分子所普遍地接受和崇尚，并成为当时思想运动、社会运动的一个重要标识。

因此，20 世纪 20 年代国内逐渐形成了一种新思想环境，即"竞弃物竞天择之口头禅，而谈互助"，这使知识界在寻求解决中国社会经济问题的路径时形成了一种新的偏好：以合作、互助为准则，追求社会群体的"协作进化"。融会在当时各种主义当中的"合作"话语，就成了 20 世纪 20 年代后知识分子破解中国社会问题，特别是解决中国农村问题的一种

---

① 植夫：《人类之生存竞争》，转引自赵泉民《"主义"话语与 20 世纪中国合作经济思潮的兴起》，《东方论坛》2005 年第 1 期。

路径选择，并由此带来了近代中国的合作经济思潮。当时，希冀以合作来解决中国农村的经济困境的知识界人士可谓不计其数，有留德归来，被称为"中国合作之父"的薛仙舟，有留日归来的戴季陶、覃寿公，有著名的乡村建设派人士梁漱溟、晏阳初，有中国共产党党内主张合作实践的革命人士于树德、沈定一、毛泽东等，当时，甚至连徐志摩这样的诗人都对合作思想有很大的兴趣。[①]

在此情形下，中国的合作风潮逐渐形成。1918年，中国第一个合作社——北京大学消费公社成立，这是在从日本归国的法科教授胡钧的倡议和指导下由北京大学60多名学生成立的。之后，上海、武汉等大城市里的知识分子建立了约十多个消费合作社，初步形成合作风潮，但这些合作社都坚持时间不长就销声匿迹了。究其根源，是因为发起者主要是对西方社会合作运动的模仿，是对新事物的尝试，而不是基于对中国现实经济问题的深刻理解提出的措施。正如北大法科学长王建祖在1917年号召建立北大消费公社时所言，消费合作社风行欧美，见诸校园，有益于个人精神的进步和社会文明的进化，因此北大同学也应该组织。[②] 所以，类似这样的城市合作很快成为过眼云烟，后来，在进步知识分子将目光转向当时在三座大山压迫下民不聊生的农村和"愚、弱、贫、私"的农民后，农村合作运动成为风潮，中国的合作风潮才真正形成。

二　民间力量推动下农村合作运动的开始

近代中国的农村合作运动最初是在民间社会力量的推动下形成的。1920年，华北连年大旱，田野间草木不生，真正是赤地千里，老百姓卖妻鬻子，惨不忍睹。中外人士纷纷开展各种募捐救灾活动，成立各种民间救助性机构，先后在北京、天津、济南等地组织了7个民间赈灾团体。由于赈灾团体系华人与洋人合办，故称华洋义赈会。各义赈会共经收赈款、赈物2000多万元，对于缓解各地旱灾起到了一定的作用。[③]

---

　　① 赵泉民：《"主义"话语与20世纪中国合作经济思潮的兴起》，《东方论坛》2005年第1期。

　　② 陈意新：《二十世纪早期西方合作主义在中国的传播和影响》，《历史研究》2001年第6期。

　　③ 张镜予：《中国农村信用合作运动》，转引自潘劲《民国时期农村合作社的发展与评价》，《中国农村观察》2002年第2期。

1921 年，华北旱情缓解，灾区农业生产恢复正常，各省义赈会先后结束赈济，但尚存赈款 200 多万元。为有效使用赈余款，经反复磋商，由北京华洋义赈会发起，于 1921 年 11 月 16 日在上海成立"中国华洋义赈救灾总会"，统一管理赈灾余款。各省原有的 7 个义赈会为总会的分会。总会下设执行委员会，华、洋委员各半，由总干事（首任为美籍传教士，后一直由章元善担任）直接负责日常事务，并颁布《中国华洋义赈救灾总会章程》；各地分会，拥有相对独立的财权和用人权，但须接受总会的计划安排。该会因机构广布，又汇聚中外民间力量，被称为民国时期中国最大的民间性国际赈灾机构。[1]

从救灾实践中华洋义赈会深刻认识到，"救灾不如防灾"，经过周密的调查研究，决定在农村倡导德国赖夫艾森式农村信用合作社，既有效利用赈灾余款，又可推行"合作防灾"，帮助农民恢复生产。1923 年 6 月，在华北公理会传教士的帮助下，成立了中国第一家农村合作社——河北省香河县第一信用合作社。同年 8 月，华洋义赈会农利分委设立合作委办会，专门负责农村合作社的设计与规划，由总会拨款 5000 元，作为设立农民借本处的试办费；聘请于树德为合作指导员，华北农村合作运动从此开始。[2]

华洋义赈会从一开始就制订了合作事业发展的具体步骤和方针，即《处理农村合作事业方针》，明确了办理合作事业的具体步骤是"三先原则"，即"先从信用合作社入手，逐渐提倡他种合作及联合会；先河北再逐渐推及全国；先办预备社，后转正式社"[3]。在指导组建合作社时，华洋义赈会采取宣传发动方式，吸引农民自发组建，并不直接参与合作社业务，如果有农民愿意成立合作社，总会就为其提供相关帮助。成立后的合作社运行良好，申请"承认"，总会派人调查后确认符合条件，准予承认，合作社方能获得总会认可。总会以"承认社"为对象，派人下乡指导，如有借款请求，则给予低息贷款。截至 1932 年，经华洋义赈会指导

① 参见刘纪荣《国家与社会视野下的近代农村合作运动——以二十世纪二三十年代华北农村为中心的历史考察》，《中国农村观察》2008 年第 2 期；潘劲《民国时期农村合作社的发展与评价》，《中国农村观察》2002 年第 2 期。

② 刘纪荣：《国家与社会视野下的近代农村合作运动——以二十世纪二三十年代华北农村为中心的历史考察》，《中国农村观察》2008 年第 2 期。

③ 同上。

成立的合作社有 915 个，其中已承认的为 379 个。[①]

华洋义赈会指导创办的合作社对社员资格有严格限制。义赈总会合作委办会重要议决案中规定："农村信用合作社社员以农民为主。在成立时期，非农民为发起成员，至多不得超过全体四分之一，续入社员，则概以农民为限。"发起人中允许少数非农民加入，其原因在于农民缺乏组织能力与办事经验，或者不理解章程内容，只能借助农民以外之人，如乡村教师、牧师或其他有知识而热心公益的人士来保证合作社的组建与正常运营。[②] 从一定意义上讲，华洋义赈会创办的合作社是中国最早的农民合作社。

1931 年，江淮一带发生水灾，总会接受政府委派任务前往救灾，业务由河北省扩展至江淮一带。之后，总会及其分会又先后在河北、湖南、湖北承接国民政府委派的农赈事业，其影响达到历史最大。1935 年，随着南京国民政府设合作司管理各类合作社，华洋义赈会在合作事业中的重要性才明显降低。到抗战前，华洋义赈会在全国六个省 191 个县共建立合作社 12560 个，互助社 3566 个。[③] 抗战爆发后，各地合作事业陷于停顿。1941 年，中国华洋义赈总会并入中国国际救济委员会，退出历史舞台。

三　乡村建设派（知识分子）推动下的农村合作运动

20 世纪 20—30 年代，以梁漱溟、晏阳初为代表的乡村建设派倡导发起了一场乡村建设运动。他们认为中国问题的核心是农民问题，通过组建合作社，用和平手段建立合作共和国，既可以避免资本主义的各种弊端，又可以防止共产主义者的暴力行为，是挽救中国、改造社会的有效办法。其主要理论基础是改良主义的合作思想。据统计，1934 年，有 600 多个组织参加了这个运动，建立实验点、实验区 1000 多处。其中最为著名的是梁漱溟的山东乡村建设研究院所创办的邹平实验区和晏阳初的中华平民教育会所创办的定县实验区。

1928 年，梁漱溟提出"乡治"主张，1931 年，梁漱溟提出一套完整的乡村建设理论，并在山东邹平创办乡村建设研究院。梁漱溟认为，中国

---

① 潘劲：《民国时期农村合作社的发展与评价》，《中国农村观察》2002 年第 2 期。

② 同上。

③ 同上。

是一个"伦理本位""职业分立"的社会。在这个社会里，没有对立的阶级，只有不同的职业，没有革命的对象，只有建设的对象。中国最大的问题是文化失调。因此，"中国的根本问题不是对谁革命，而是改造文化"。要重塑中国文化，唯一出路是进行乡村建设。梁漱溟的"乡村建设"主要包括经济、政治和文化教育三个方面，一是成立"乡农学校"，二是建立"乡村自卫组织"，三是建立"合作社"，进行农业技术改良。根据这一思路，1931 年，山东乡村建设研究院的师生们在山东邹平县进行实验，组建合作社。1936 年底，全县共建立合作社 307 个，拥有社员 8828 户，股金 1.24 万元，[①] 乡村建设研究院还在邹平推广美国优质棉种，因此棉花运销合作社占总量一半以上。

晏阳初于 1923 年在北京成立中华平民教育促进会，在城市提倡识字运动，后由识字运动转向"农村建设"，在河北定县搞"平民教育"实验。晏阳初认为，"愚（缺乏知识）、贫（生活贫困）、弱（体弱多病）、私（不善团结与合作）"乃"中国目前的大患"，为此，有针对性地提出四种教育，即以文化教育治愚，以生计教育治贫，以卫生教育治弱，以公民教育治私。其中组织合作社是平教会进行生计教育、挽救农民贫困的重要措施之一。平教会发展农村经济，需"利用合作方式教育农民，组织合作社、自助社等"。1932 年，国民政府决定在各县设立县政建设实验区，晏阳初主办的"定县平民教育实验区"改称为"定县县政建设实验区"，"平民教育促进会"改为"河北县政建设研究院"，晏阳初任院长。定县的农村合作社以村为基础，以信用合作为主，兼营购买、运销、生产等项业务。村合作社主要业务一是吸收存款，二是将所筹资金贷放给社员。

乡村建设派的乡建实验获得了国际性的影响，也深刻地影响了中国的知识分子，直到今天，仍有学者步其后尘。其结合政府力量推进农村乡建也是一大突破。他们认识到改造农民、农民合作的重要性。但是，晏阳初所发现的愚、穷、弱、私，实际上只是中国农村问题的表象；梁漱溟的中国文化的重建，也是以不触动土地等社会根本问题为前提，他们选择的只是一条改良主义道路。

---

① 杨德寿：《中国供销合作社发展史》，中国财政经济出版社 1998 年版，第 148 页。

四　南京国民政府的农村合作实践

建立伊始，南京政府就被当时中国严重的农村问题所困扰。鸦片战争以来，三座大山压迫下的中国农村呈现出民不聊生的景象。连年的军阀混战使这种状况在国民政府成立以后更加严重。1929 年世界性的资本主义经济危机也冲击着中国农村，农村经济几近崩溃。这直接影响着南京国民政府的财政收入。因为国民党财政支出主要靠不断增长的国税收入来解决，而国税中的 90% 是来自农村或与农村经济有密切的关系。为了解决财政收入不足问题，需发展农村经济以增加农民的纳税能力。同时，共产党领导的土地革命对国民党的统治构成了严重的威胁。农民生活的日益贫困加剧了农村社会阶级矛盾，革命的星星之火四处燃烧。农村经济问题已不仅仅是经济问题，更是政治问题，挽救农村危机成为国民党的当务之急。为此国民党努力寻找一种能取代中国共产党土地革命、复兴农村经济的调和方法。这样，孙中山时期就极力倡导的合作事业进入国民政府的议事日程。

国民政府合作运动的精神导师薛仙舟认为，"惟有合作，始能防止资本主义；惟有合作，始能打倒共产主义；有了合作，社会革命始能实现"。合作运动的热烈倡导者陈果夫认为，"国民党要实现阶级协调，防止阶级斗争，就应该采用合作社的方式"。蒋介石对此也颇为肯定，多次就合作运动抵消中共革命的作用进行了阐述。尤其是在几次"剿共"失败之后，蒋介石更是对合作运动充满希望，要"与匪争民"，企图通过经济上的合作社和政治上的保甲制度达到全面控制农村、消灭中共的目标。可见，南京政府是把农村合作运动作为对抗共产党土地革命的手段来使用的。

1927 年 6 月，在薛仙舟指导下，由陈果夫主持，国民政府拟成《全国合作化方案》。方案认为三民主义归结于民生主义，而实现民生主义的最好办法就是推行合作运动。但该方案并未立刻实行。次年 2 月，国民党中央第四次执监会上通过了《组织合作运动委员会建议案》，开始了合作运动的宣传和指导工作。同年 10 月确认合作运动为七项国策运动之一（其他六项为提倡国货、卫生、保甲、筑路、造林、识字）。但是，这些措施多流于形式，并未实施。直到 1931 年江淮水灾，农村经济破产加剧，南京政府才不得不真正重视农村问题。[1]

为解决赈济江淮水灾中政府机构反应不力问题，南京国民政府委托华洋义赈会协助救灾，之后，1935 年，国民政府在实业部设立了合作司，作为全国负责合作事业的最高行政机构，管理全国合作社，并聘请华洋义赈会总干事章元善任司长。到 1936 年底，全国各地公私团体组建的合作社全部纳入该系统。1939 年，国民政府又在经济部设立合作事业管理局，掌管全国合作事业。1942 年各省成立了合作事业管理处，各县设立合作指导室，自此形成了从中央到地方的各级合作事业行政管理、指导体系。这种由政府自上而下推进农村合作运动的做法后来在"台湾"得到了进一步完善，同时也为今天我们自上而下推动农民合作运动提供了一定的历史借鉴。

五　中国共产党在革命根据地的农村合作实践

早在 20 世纪 20 年代初期，中国共产党刚刚成立时，毛泽东、于树德、沈定一等人就对合作社表现出浓厚的兴趣，其中于树德还曾是当时中国关于合作社的主要宣传者，曾力主以举办合作社来解救中国北方的饥荒，他的见解为当时华洋义赈会所认可，华洋义赈会曾聘请他作为合作指导员指导其农村信用合作社工作。早在 1922 年，毛泽东就曾热情参与合作社建设，曾将弟弟毛泽民送到安源担任路矿俱乐部消费合作社经理。在广州农民运动讲习所，毛泽东和于树德把合作社列为农民运动的一项课程，并通过讲课而使合作社思想为广东、湖南、湖北、江西的农民协会领袖所接受。[2] 在《湖南农民运动考察报告》中，毛泽东说，1926 年冬天湖南的许多农民组织了消费、贩卖和信用合作社，这些合作社是湖南农民运动的"十四件大事"之一。但是，毛泽东其实并没有像国民党所以为的那样把农民合作社作为阶级斗争的工具，他只是认为这是农民经济生活所需要的；在他眼里，真正的阶级斗争工具是贫农的农民协会。

大革命失败后，我党先后开辟了井冈山、赣南和闽西等根据地，革命力量得以保存和发展，但是根据地经济非常困难，很多贫农缺乏必需的生产资料，如耕牛严重不足，无法为部队进行长期武装割据提供充足的粮食

---

[1]　张士杰：《中国近代农村合作运动的兴起与发展》，《民国档案》1992 年第 4 期。

[2]　陈意新：《二十世纪早期西方合作主义在中国的传播和影响》，《历史研究》2001 年第 6 期。

给养。而且根据地青壮年男子大多要参军作战，农业生产的任务主要依靠妇女，劳动力的缺乏也是一个很大的问题，因此，提高农业生产效率成为根据地发展中至关重要的问题。为发展农业生产，在完成土改的基础上，中央在苏区积极组织群众实行耕种互助，组织了劳动互助社、耕田队、犁牛合作社、农具合作社、种粮合作社，甚至还组建了更高级的合作农场、农业合作社。1933 年，苏区中央政府颁布了《劳动互助社组织纲要》，进一步推动了苏区合作社的发展。1934 年 1 月中华工农兵苏维埃第二次全国代表大会召开，大会上毛泽东所作的报告中，强调"劳动互助社和耕田队的组织，在春耕夏耕等重要季节我们对于整个农村民众的动员和督促，则是解决劳动力问题的必要的方法。……组织犁牛合作社，动员一切无牛人家自动地合股买牛共同使用，是我们应当注意的事"①。得益于中央的这些举措，在第二次国内革命战争时期，1933—1934 年，中央苏区的互助合作组织发展很快。这对于解决当时的粮食生产问题起到了很大的促进作用。

抗日战争时期，在毛泽东的倡导下，各解放区的互助合作运动取得迅速发展。在抗日战争相持阶段，由于日寇的加紧进攻和国民党的经济封锁，解放区的经济出现严重困难。1942 年 12 月，为促进解放区经济发展，毛泽东在陕甘宁边区高级干部会议上作了《经济问题与财政问题》和《论合作社》的报告，提出了"发展经济，保障供给"的方针。1943 年 1 月《解放日报》又发表《把劳动力组织起来》的重要社论，指出"集体劳动强过单独劳动"，呼吁大家合作互助。在中央政府的倡导下，解放区的劳动互助合作运动掀起了一个小高潮。1943 年 11 月，为了进一步发展劳动互助合作，毛泽东在陕甘宁边区召开的第一届劳动英雄代表大会上作了《组织起来》的报告，指出"目前我们在经济上组织群众的最重要形式就是合作社"，要改变个体农民经济的落后状况，"唯一办法就是逐渐地集体化；而达到集体化的唯一道路，依据列宁所说，就是经过合作社"，而这种初级形式的合作社，"经过若干发展阶段，才会在将来发展为苏联式的被称为集体农庄的那种合作社"②。在毛泽东的指示下，解放区普遍建立了生产互助组、供销合作社等，有力地促进了生产发展。

---

① 《毛泽东选集》第 1 卷，人民出版社 1991 年版，第 132 页。

② 《毛泽东选集》第 3 卷，人民出版社 1991 年版，第 931 页。

解放战争时期，农村互助合作组织发展更快，而且在有些地区还出现了类似于中华人民共和国成立后的农业合作社的组织，这些合作社把土地、劳力（耕牛按劳力折合计算）作股，按股分红，或土地、劳力均不作股，而是在劳力评定标准以后，实行按时计工，按工分红。这一时期，供销合作社也得到了很大发展。这些实践显然已初具中华人民共和国成立后的农业合作社、供销合作社的雏形，对我国的农村发展产生了深远的历史影响。

我党在苏区、解放区的这些农村合作实践，在当时解决了许多实际问题，如在苏区很大程度上解决了劳动力和耕牛短缺的问题，提高了农业生产效率，保障了根据地政权的粮食给养；而且这些互助合作组织主张保护农民利益，有助于军民团结，有助于建立和巩固广大农民与根据地政权之间的联盟，奠定了革命根据地政权的群众基础。[①] 事实上，在苏区、解放区的这些农村合作实践成为新中国成立后我党制定农村政策的重要依据。

第二节　新中国的农业合作化

一　新中国的农业合作化运动

中华人民共和国成立伊始，实行"耕者有其田"的土地改革，广大农民分得土地，成为个体劳动者，这使农民积极性大大提高，农业生产取得很大发展。但是，由于个体农户耕地面积很少、生产工具及资金又严重不足，农民生产经营困难较大；而且由于小农经济的不稳定性，农村中的贫富分化也开始了。为解决这些困难，有些地方的农民自发地继续沿用以前解放区的做法，实行劳动互助，建立犁牛合作社等。面对这些情况，以毛泽东同志为核心的中共第一代领导集体提出建立农业互助组来解决这一问题。1951 年 9 月，中共中央召开了第一次互助合作会议，讨论形成了《关于农业生产互助合作的决议（草案）》，征求社会各界意见修改后于12 月发给各地党委试行。草案认为："农民在土地改革基础上所发扬起来的生产积极性，表现在两个方面：一方面是个体经济的积极性；另一方面

---

① 梅德平：《共和国成立前革命根据地互助合作组织变迁的历史考察》，《中国农史》2004年第 2 期。

是互助合作的积极性。""不能忽视和粗暴地挫伤农民这种个体经济的积极性。"但是，要"按照自愿和互利的原则，发展农民劳动互助的积极性"。① 此后，各地党委加强了领导，使农业互助合作运动取得了较大的发展。

1953 年 12 月，中央通过《关于发展农业生产合作社的决议》，《决议》进一步提出要成立农业生产合作社，并概括提出引导农民走向社会主义需依次经过三种形式：互助组—初级农业生产合作社—高级农业生产合作社，初级合作社实行土地入股、统一经营、集体劳动，分配中按劳分配与土地分红相结合，具有半社会主义性质；高级合作社实行所有生产资料归农民集体所有，统一经营、集体劳动、按劳分配，具有完全的社会主义性质。农业合作化运动由此正式拉开序幕。在这一方针的指引下，农业合作化逐步推进，到 1954 年底，互助组从 1951 年的 400 多万个增加到 1000 万个；初级社从 1953 年底的 1.4 万个增加到 48 万个；参加互助的农户，从 1951 年底的 2100 万户发展到 7000 万户，占当时全国农户总数的比重由 19.2% 增加到 60.3%；而且 80% 的农业合作社都做到了增产增收。②

1954 年，农业合作运动发展迅猛，到 1955 年 4 月，全国初级农业合作社已发展到 67 万个，但发展中不少地方也出现了违反自愿互利原则的现象。中央发现问题后发出了一系列通知要求各地纠正偏差。1955 年 1 月，中央发出《关于整顿和巩固农业合作社的通知》，要求各地停止发展，集中力量进行巩固，在少数地区进行收缩。3 月上旬，毛泽东提出了"停、缩、发"的三字方针，即根据不同地区的情况，停止发展、实行收缩和适当发展。为了贯彻三字方针，农村工作部于 4 月下旬召开了全国第三次农村工作会议，总结经验，布置工作，提出要求。到 1955 年 7 月，原有的 67 万个初级合作社经过整顿，留下 65 万个。

1955 年 5 月 17 日，中央召开华东区、中南区和河北、天津、北京等 15 个省市委书记会议，会议提出 1956 年发展到 100 万个农业合作社的意见。6 月中旬，中央召开政治局会议，批准了关于到 1956 年合作社发展到 100 万个的计划。但后来毛泽东从南方考察回来，主张修改计划，加速

① 《建国以来重要文献选编》第 2 册，中央文献出版社 2011 年版，第 452 页。

② 《中国近现代史纲要》，高等教育出版社 2007 年版，第 171 页。

发展。时任中央农村工作部部长的邓子恢提出异议，认为合作化运动应与工业化速度发展相适应，不宜发展过快。党内在农业合作化的速度问题上产生了意见分歧。

1955 年 7 月 31 日，中央召开省、市、自治区党委书记会议，讨论农业合作化问题，毛泽东在会上作了《关于农业合作化问题》的报告，对党的农业合作化的理论和政策做了系统阐述，并对合作化的速度提出新的要求。报告还不点名批评了邓子恢等人的"右倾"错误。10 月 4—11 日，中共中央在北京召开七届六中全会，通过了《关于农业合作化问题的决议》，要求到 1958 年春在全国大多数地方基本上普及初级农业生产合作，实现半社会主义合作化。这次大会掀起了农业合作化运动的高潮，在大会精神鼓舞下，农业合作化运动发展迅猛，会后仅仅三个月左右的时间，全国就基本实现了农业合作化。到 1956 年底，参加高级社的农户达到农户总数的 87.8%，尚未从初级社发展到高级社的农户只剩下 8.5%，加入农业合作社的农户占农户总数的 96.3%[①]，基本上完成了农业的社会主义改造，完成了由农民个体所有制到社会主义集体所有制的转变。农业高级合作社的建立一度大大推动了农业生产力的发展，1953—1956 年，全国农业总产值年均递增 4.8%[②]。

1958 年 3 月，在农业大跃进的形势下，中共中央政治局成都会议通过了《关于把小型的农业合作社适当地合并为大社的意见》，意见指出："为了适应农业生产和'文化革命'的需要，在有条件的地方，把小型的农业合作社有计划地适当地合并为大型的合作社是必要的。"意见出台后，各地农村开始了"小社并大社"的工作，8 月，中共中央政治局在北戴河召开扩大会议，会议通过了《中共中央关于在农村建立人民公社问题的决议》。《决议》下达后，全国迅速形成了人民公社化运动的热潮。到 10 月底，全国 74 万多个农业生产合作社改组成 2.6 万多个人民公社，参加公社的农户有 1.2 亿户，占全国总农户的 99% 以上，全国农村基本上实现了人民公社化。[③]

人民公社的成立，对解决当时的农田水利基础设施建设问题起了很大

---

① 王桧林、郭大钧编：《中国现代史》（下册），高等教育出版社 2003 年第 2 版，第 81 页。

② 《中国近现代史纲要》，高等教育出版社 2007 年版，第 172 页。

③ 参见万秀丽《"两个飞跃"与中国特色社会主义农业发展道路研究》，《甘肃社会科学》2009 年第 6 期。

的促进作用，也对推动农业机械化、现代化起了促进作用，提高了农业经营的规模化、机械化水平。但是，"政社合一"的人民公社在很大程度上脱离了当时农村的生产力水平，实行一段时间后，暴露出许多问题：首先，由十几个甚至几十个农业生产合作社合并成的人民公社，其建立过程实质上即是几十个经济条件、贫富水平不等的合作社"共产"的过程，这实际上是"穷队共了富队的产"，损害了富队及其社员的利益，一些群众在入社前纷纷杀猪宰羊、砍树伐木。其次，公社化后，生产资料统归公社所有，统一经营，在分配上实行统一核算，平均分配，由此造成生产队与生产队之间的严重平均主义；而公共食堂的推行则导致社员和社员之间的平均主义："干不干两顿饭，干好干坏都吃一样的饭。"最后，组织上的军事化和行动上的战斗化导致大规模无偿调用农民劳动力。公社化中出现的这些问题，严重损害了农民的生产积极性，从而造成了对生产力的破坏和农业生产水平的下降。①

因此，1959 年在第二次郑州会议上，毛泽东提出"三级所有，队为基础"的人民公社建设指导方针，初步纠正了之前的"共产风"。1961年，毛泽东在广州主持起草了农业六十条，要求认真贯彻按劳分配的原则，废除供给制，停办公共食堂，这对于当时调动农民积极性、恢复农业生产起了十分重要的作用。但是，由于各种原因，对人民公社运动的彻底纠正直到改革开放以后才真正实现。②

二　农业合作化的历史必然性

发生在 20 世纪 50 年代的新中国农业合作化运动，背后有着极其深刻的社会历史原因。

迄今为止，学界对于 50 年代农业合作化原因的讨论，集中于国内原因，如工业化的需要，解决农业小生产的问题，防止农村发生新的贫富分化等，这些确实都是引起农业合作化的原因，但是，这些还不够，在笔者看来，50 年代农业合作化的发生还有深刻的世界因素，那就是 20 世纪中期后席卷世界的计划经济（在西方国家表现为国家干预）大潮下农业一体化（既包括横向一体化，又包括纵向一体化）的深刻反映。

---

① 参见万秀丽《"两个飞跃"与中国特色社会主义农业发展道路研究》，《甘肃社会科学》2009 年第 6 期。

② 同上。

　　1929 年，资本主义世界发生了空前的大危机，危机几乎席卷了整个资本主义世界。30 年代以来，为了对抗这场由自由放任的市场经济所导致的资本主义经济大危机，西方资本主义国家借鉴苏联的计划经济，与东方社会主义国家都走上了加强国家对经济的控制之路，计划调控与国家干预大行其道。在此背景下，美国、加拿大、法国等西方国家开始扶持农民合作社，希望通过影响农民合作社来加强国家对农业的调控，化解农业领域的危机，解决农村的社会矛盾。尤其是第二次世界大战之后，西方多国政府试图通过农民合作社来推进农业现代化、农业机械化、农业垂直一体化经营等，对农民合作社的政策扶持达到高潮。农民合作社成为西方发达国家实现农业一体化、农业现代化、农村工业化的主要载体。[①]

　　同期，在社会主义阵营，苏联的农业集体化已经完成，东欧的农业合作化轰轰烈烈。而在广大发展中国家，如非洲的赞比亚、坦桑尼亚，拉美的智利、墨西哥、秘鲁，南亚的印度等，20 世纪 60 年代都兴起了组建农业生产合作社的高潮，并以之作为本国工业化的重要支撑，因为，第二次世界大战后刚刚获得独立的民族国家普遍需要快速实现国家的工业化，而他们认为通过农业合作化能为工业化提供条件。换言之，即新中国曾经采取的工业化与合作化同步进行，也曾是同一时期许多发展中国家的选择。许多发展中国家领导人和毛泽东看法类似，认为农业合作化为工业化、农业现代化所需，同时也是实现效率与公平的有效途径。[②]

　　另外，马克思主义经济学和西方经济学都认为规模产生效益，20 世纪以来，世界上大多数国家都对规模经济深信不疑，而在农业问题上实行规模经济，就是要进行农业的横向一体化，农民合作社则是其主要的组织载体。当时许多发展中国家的领导人包括中国毛泽东在内，对规模经济的认识就是以为规模越大，效益越好，还不曾注意到规模不经济问题。当时，这种较为普遍的认识带来了一个世界性的农业合作潮，我国也深受影响。

　　因此，新中国 20 世纪 50 年代的农业合作化运动，不仅是出于国内工业化的需要，解决农民生产资料不足的需要，防止农村发生新的贫富分化的需要，也是第二次世界大战后一个时代潮流，各国规模经济的理论共

---

　　① 参见万秀丽《农民专业合作经济组织：中国特色农业现代化的现实选择》，《西北师范大学学报》（社会科学版）2010 年第 6 期。

　　② 同上。

识，有着极为深刻的时代背景。

第三节　改革开放以来农村社区合作组织的发展

改革开放以来，农村合作组织的发展经历了这样一个过程：首先，在农民首创、政府主导下改革人民公社体制的过程中形成了社区型农村合作经济组织；然后，在此基础上随着农业生产力的发展，农产品商品化率、农业生产专业化程度的提高，农民为解决产品销售与技术问题自发组建了农民专业合作组织。社区型农村合作组织是改革人民公社、建立农业双层经营体制的产物；农民专业合作组织则是农民为适应市场经济的需要，以家庭经营为基础，以某一产业为纽带建立的农民互助性经济组织，是对农业双层经营体制中"统"的创新和发展。

一　改革初期农村社区合作组织的建立与发展

1978 年年底，为了吃饱饭，安徽凤阳县小岗村 18 户农民悄悄地包产到户，分田单干，这一农民自发的举动日后引起了整个中国的关注，并开启了一个新的时代。包产到户其实不是一个新事物，之前包产到户就已出现，还曾三起三落，早在 1956 年，浙江温州、四川江津等地就已经出现了包产到户的做法，1959 年河南、湖北等地又出现了农民包产到户的现象，60 年代初三年困难时期河南、四川、安徽等地再次兴起农民自发的包产到户行为，当时虽然包产到户的地区普遍增产，但 1962 年很快被中央全面叫停。但是，1978 年的包产到户在以邓小平为核心的中央支持下，最终演变成一场洪流，席卷了整个农村地区，开启了中国的改革大潮。

社区型农村合作经济组织就是在这股改革大潮中改革人民公社体制的产物。农民包产到户的自发创新行为，推动了家庭联产承包责任制的普遍实施，对此，邓小平曾说："农村搞家庭联产承包，这个发明权是农民的。农村改革中的好多东西，都是基层创造出来，我们把它拿来加工提高作为全国的指导。"[①] 1982 年，全国农村已有 98.7% 的生产队建立了农业生产责任制，而且，其中 80% 以上已经包产到户、包干到户，[②] 鉴于人民

---

① 《邓小平文选》第 3 卷，人民出版社 1993 年版，第 382 页。

② 苑鹏：《改革以来农村合作经济组织的发展》，《经济研究参考》2008 年第 31 期。

公社"政社合一"的诸多弊端与农村改革形势发展的需要，1983年中央提出"政社分设"的改革道路。1983年10月12日，中央发布了《关于实行政社分开建立乡政府的通知》，《通知》提出："随着农村经济体制的改革，现行农村政社合一的体制显得很不适应。""当前的首要任务是把政社分开，建立乡政府。同时按乡建立乡党委，并根据生产的需要和群众的意愿逐步建立经济组织。"① 政社分设的意图在于取消政社合一的人民公社，恢复到人民公社成立前基层政权组织和基层经济组织农业合作社分立的状态。1984年中央一号文件进一步明确指出，政社分设以后，"为了完善统一经营和分散经营相结合的体制，一般应设置以土地公有为基础的地区性合作经济组织。这种组织，可以叫作农业合作社、经济联合社或群众选定的其他名称；可以以村（大队或联队）为范围设置，也可以以生产队为单位设置；可以同村民委员会分立，也可以一套班子两块牌子"。政社分设以后，乡政府成为我国基层政权组织，农业经营则建立"统分结合"的双层经营体制，其中，"分"由农户家庭承包经营体现，"统"则由重新成立的社区型（即以过去的生产队、大队为范围）以土地公有为基础的农村集体经济组织来体现，从土地公有这一角度来说，新成立的社区型农村合作经济组织延续了高级农业合作社成立直至人民公社以来的农村经济基础的社会主义性质，因此又被称为农村集体经济组织，它正是社会主义的公有制基础在农村的具体体现。

社区型农村合作经济组织的功能是完成"统分结合"的农业双层经营体制的"统"的作用，即集体经济组织对生产经营的统一分配和调节，"统"体现在集体保留了对基本生产资料土地的所有权，以及在此基础上具有的生产服务、协调管理、资源开发、兴办社队企业、资产积累等统一经营职能。中央政策设计的初衷是希望通过社区合作组织的统一经营解决分散的个体小农户难以解决的生产、发展问题。但在实践中，农户发展成为一个个自主经营的、基本独立的经济实体，绝大多数的社区合作组织即集体经济组织却无所作为，最终形成"有分无统"的现实。

二　20世纪80年代后期，社区合作经济组织发展中股份制的引入

1987年，中央启动农村的组织创新与制度创新实验项目，"合作经济

---

① 韩俊：《中国经济改革30年·农村经济卷》，重庆大学出版社2008年版，第34页。

组织与基本经营制度建设"就是其中一项。农村社区合作组织的试验以清理集体财产、明晰产权、促进公共积累为切入点,试图搭建县、乡、村的合作经济组织的系统网络。虽然试验改革结果并不令人满意,但是积累了一定的改革经验。而与此同时,在改革较早的广东,经济的飞速发展使农村社区合作组织的主要资产——土地大幅增值,社区成员——农民要求分享集体经济收益,以广州天河和深圳横岗等地为代表,自发兴起了农村社区型股份合作制改革。这种改革通过将村集体经济的集体资产部分折股量化到每个成员头上来实现农民对集体财产的部分收益权。由于只是部分量化(村集体保留了相当份额的集体股),并且只有收益权,不能买卖、转让、抵押、继承,所以农民权利有限。1994年,广州天河将改革进一步深化,把集体资产全部明晰到个人,按股分红,并且可以继承。随着市场经济的深入发展,经济发达地区对社区合作经济组织的改革已经朝着股份制的方向发展,目的在于通过集体资产的股份化来保障村民的集体资产收益权和继承权。

三　20 世纪 90 年代以来,社区土地股份制的形成

20 世纪 90 年代以来,随着城镇化进程的加速,城市郊区原先属于农村的地区很多面临城市扩大导致的土地被征现象,在这个过程中如何才能保护失地农民的合法权益,让农民长期分享农地非农化后的增值收益,显然,简单的一次性补偿买断对农民来说并不合算,尤其是在那些经济发达、土地升值潜力巨大的地区。为解决这一问题,广东南海在社区合作经济组织中全面引入了土地股份合作制这一全新形式,把集体土地折股量化到人,实现土地的资本化,并统一合理规划集体土地用途,推动了土地资源的合理流转和有效利用,既适应了城市化的需要,又促进了农村的城镇化。90 年代中后期,南海一些村集体继续深化土地股份合作制改革,实行"生不增,死不减"的股权制度,同时扩大个人股权的权利,股东不仅拥有收益权,还拥有处置权,以及社区范围内的继承权、买卖、转让、抵押权。

近几年,江苏经济最发达的苏南地区及苏中部分经济较发达的地区也开始了农村社区合作经济组织(即村级集体经济组织)的股份合作制改革。在对土地以外的集体经营性资产进行清产核资的基础上,将村级经营性资产量化给每个村民,个别地方如昆山也开始了土地股份合作制的

改革。

　　从社区合作经济组织发展的趋势看，传统的社区合作组织正在自行消亡。经济发达地区的社区合作经济组织由于土地收益巨大、土地以外的集体经营性资产实力强大，正在发生产权改革，正由过去的集体公有逐步改为村民人人都有的股份公司制；股份改革完成后，股权被固化，不再调整。相应地，社区合作经济组织将被村公司、村集团取而代之。如华西村、南街村都已改制为华西村股份集团公司、南街村股份集团公司。这些村庄，大多已非传统农耕村庄的模样，已是一派城镇风光，工厂林立，街道宽阔，规划整齐，居住完全城市化，甚至超过城市居住条件，如在华西村，农民家家住花园别墅。而在经济不发达的地区，以及偏远农村，土地增值幅度不大，集体经营性资产数量很小，甚至没有，这些地区的农村社区合作经济组织大多从一开始就没有取得独立身份，长期以来只是附着于村委会，由村委会代行职权，这类社区合作经济组织早已名存实亡。

第四节　改革开放以来农民专业合作组织的发展

一　改革初期至 90 年代初，农民专业合作组织的萌芽

　　改革开放以来，农村合作经济组织发展的另一条主线就是农民专业合作组织的产生、发展。在人民公社制度解体，农户家庭承包经营体制形成的同时，中央也启动了农产品流通体制改革，先是开放集市贸易，大大调动了农民的生产积极性，1984 年，又放开了水产品、蔬菜的价格和经营，1985 年，全面改革农产品派购制度，农产品流通的市场化大大加速，为了适应农产品流通市场化的要求，一些从事相同农产品生产的专业户首先行动起来，按照自愿、互利的原则自发地组建了各种专业合作组织，开展技术交流、技术推广、引进新品种和新技术等活动。早在 1980 年，四川省郫县就成立了第一个农民专业技术协会——养蜂协会，同期，浙江省临海市也成立了浙江省第一家农民专业协会——临海市茶叶协会。[①] 整体来说，20 世纪 80 年代至 90 年代初期，农民专业合作组织尚处于萌芽阶段，

---

　　① 徐旭初、黄胜忠：《走向新合作——浙江省农民专业合作社发展研究》，科学出版社 2009 年版，第 40 页。

其形式以农民专业技术协会为主，主要为成员提供技术服务、信息联络，是现在的农民专业合作经济组织的雏形。这一阶段，中央对农民合作经济组织的发展也出台了许多指导意见，1983 年中央一号文件指出，农民可不受地区限制，自愿参加或组成不同形式、不同规模的各种专业合作经济组织。这是最早提出专业合作经济组织这个概念的文件。1985 年中央一号文件又明确指出："农村一切加工、供销、科技等服务性事业，要国家、集体、个人一齐上，特别要支持以合作形式兴办。""各种合作经济组织都应当拟订简明的章程，合作经济组织是群众自愿组成的，规章制度也要由群众民主制订；认为怎么办好就怎么订，愿意实行多久就实行多久。只要不违背国家的政策、法令，任何人都不得干涉。"从根本上说，农民专业合作组织是农村经济体制改革和 80 年代发展商品经济的产物。

二　20 世纪 90 年代中后期，实体型农民专业合作组织逐渐发展

20 世纪 90 年代推行市场经济以来，伴随农业产业化发展，实体型农民专业合作组织逐渐发展，进入多种组织形式探索的阶段。随着农产品流通领域的市场化改革的逐步推进，农产品的价格逐步实现了完全市场化，到 20 世纪 90 年代初，多数农产品实现了按照市场价格实行自由交换。尤其是随着 1993 年，国家大举放开粮食购销价格后，中国农村农产品流通的市场机制初步建立，为了解决小农户与大市场的矛盾，山东潍坊等地率先发展了农业产业化经营，出现了农产品销售专业合作社。90 年代末，农民专业合作组织已经成为农业产业化经营中的重要组织，或作为龙头企业带动农业产业化经营，或作为农产品销售合作社代表农户与工商资本投资的农产品加工企业进行磋商。

这一时期发展最快的是农民专业技术协会。进入 90 年代后，农民专业协会的数量、规模、会员人数、覆盖领域都在不断扩大，在农业技术推广中的作用日益增强。而且，专业协会在满足会员技术服务要求的基础上，还向产前、产后延伸，为农民提供统一购买农资产品、统一销售农产品等，逐渐由松散联合向利益紧密的经济组织发展，有的演变成为农民专业合作社。90 年代的农民专业协会根据服务范围划分，可分为专业技术协会、专业农机协会、专业购销协会等。根据领办主体划分，可分为科技人员领办型、龙头企业领办型、村组织领办型几种形式。这一时期，专业技术协会的发展推动了农业生产的专业化，从而在一定程度上为专业合作

社的发展创造了条件。

但是这一时期的农村合作经济组织发展仍然相对缓慢，其主要原因在于农户专业化生产规模小、农产品销售以传统的田头交易为主，而且，相关法规不完善，农民专业合作组织的经济主体资格还有待确认。

三　21 世纪以来，农民专业合作组织迅猛发展

进入 21 世纪，中央为解决"三农"问题，接连出台支持"三农"的政策措施，农民专业合作组织也被作为解决"三农"问题的一个重要工具受到中央高度关注，在这些政策措施的推动下，农民专业合作组织获得了前所未有的飞速发展。

从 2004 年到 2017 年连续 14 年，中央每年的一号文件都与"三农"问题有关。尤其是 2006 年以来，每年的中央一号文件都有出台与农民专业合作组织相关的政策。如 2006 年中央一号文件指出，积极引导和支持农民发展各类专业合作经济组织，加快立法进程，加大扶持力度，建立有利于农民合作经济组织发展的信贷、财税和登记等制度。2006 年 10 月 31 日，第十届全国人大常委会第二十四次会议通过《中华人民共和国农民专业合作社法》，这部法律的出台大大促进了农民专业合作经济组织的发展。2007 年 5 月 28 日国务院又颁布了《农民专业合作社登记管理条例》。《中华人民共和国农民专业合作社法》和《农民专业合作社登记管理条例》的出台标志着农民专业合作组织的发展进入一个新阶段，农民专业合作组织的市场主体地位在法律意义上得到肯定，农民专业合作组织的组织和行为也有了规范依据，这对开辟农民专业合作组织发展的新纪元铺平了道路，对促进农村改革和农业发展、农民增收都发挥了积极作用。此后2007 年、2008 年中央 1 号文件都强调大力发展农民专业合作组织，认真贯彻落实农民专业合作社法，支持农民专业合作组织加快发展，抓紧出台配套法规政策。尤其是 2008 年中央 1 号文件指出的农民合作社可以申请承担国家有关涉农项目，这大大地提高了农民专业合作社的社会地位。2009 年、2010 年、2012 年、2015 年、2016 年的中央一号文件则都强调，深入推进示范社建设行动，促进农民专业合作社规范运行。

2012 年党的十八大报告中提出：壮大集体经济实力，发展农民专业合作和股份合作，培育新型经营主体，发展多种形式规模经营，构建集约化、专业化、组织化、社会化相结合的新型农业经营体系。这从理论上强

调了农民专业合作组织对发展集体经济的重要意义。

党的十八大以来，2013 年中央一号文件提出，大力支持发展多种形式的新型农民合作组织。鼓励农民兴办专业合作和股份合作等多元化、多类型合作社。

2013 年党的十八届三中全会《中共中央关于全面深化改革若干重大问题的决定》中指出，允许农民以承包经营权入股发展农业产业化经营。鼓励承包经营权在公开市场上向专业大户、家庭农场、农民合作社、农业企业流转，发展多种形式规模经营。鼓励农村发展合作经济，扶持发展规模化、专业化、现代化经营，允许财政项目资金直接投向符合条件的合作社。

2014 年中央一号文件提出，扶持发展新型农业经营主体。鼓励发展专业合作、股份合作等多种形式的农民合作社，引导规范运行，着力加强能力建设。允许财政项目资金直接投向符合条件的合作社，允许财政补助形成的资产转交合作社持有和管护，有关部门要建立规范透明的管理制度。推进财政支持农民合作社创新试点，引导发展农民专业合作社联合社。按照自愿原则开展家庭农场登记。鼓励发展混合所有制农业产业化龙头企业，推动集群发展，密切与农户、农民合作社的利益联结关系。在国家年度建设用地指标中单列一定比例专门用于新型农业经营主体建设配套辅助设施。鼓励地方政府和民间出资设立融资性担保公司，为新型农业经营主体提供贷款担保服务。加大对新型职业农民和新型农业经营主体领办人的教育培训力度。落实和完善相关税收优惠政策，支持农民合作社发展农产品加工流通。

2017 年中央一号文件提出，推进农业供给侧结构性改革，积极发展适度规模经营。大力培育新型农业经营主体和服务主体，通过经营权流转、股份合作、代耕代种、土地托管等多种方式，加快发展土地流转型、服务带动型等多种形式规模经营。积极引导农民在自愿基础上，通过村组内互换并地等方式，实现按户连片耕种。完善家庭农场认定办法，扶持规模适度的家庭农场。加强农民合作社规范化建设，积极发展生产、供销、信用"三位一体"综合合作。

在这些政策支持下，农民专业合作组织发展加速，无论组织的数量、规模还是质量都很快上升到了一个新的水平。据农业部农村合作经济经营管理总站的统计资料显示，2007 年年底，全国各类农民专业合作经济组织总数约 15 万个，成员规模达到 2363 万户，[①] 2007 年 7 月 1 日起正式施行《中华人民共和国农民专业合作社法》以来，这些农民专业合作组织中符合法律规定的组织进行了身份进一步确认，成为具有企业法人资格的农民专业合作社。不过到 2008 年 6 月底，全国依法登记、领取企业法人营业执照的农民专业合作社只有 5.8 万家，入社成员 77 万户，[②] 但是，近年来，在政府扶持下，农民专业合作社经历了一个飞速发展的过程，据国家工商总局公布数据显示，到 2010 年底，全国依法登记的农民专业合作社已达到 37.9 万家，实有入社成员 2900 万户左右，占农户总数的 11%；2011 年底，全国依法登记注册的农民专业合作社达 52.17 万家，比 2010 年增长 37.62%，出资总额达 7200 亿元，比 2010 年增长 60%；2012 年底，农民专业合作社实有 68.9 万户，比上年底增长 32.07%，出资总额 1.1 万亿元，增长 52.78%；2013 年底，全国依法登记的专业合作、股份合作等农民合作社达到 95.07 万家，实有成员达 7221 万户，占农户总数的 27.8%；2014 年 11 月底，全国已有农民合作社 126.7 万家；到 2015 年 10 月底，全国农民合作社数量达 147.9 万家，比 2014 年底增长 15.5%；入社农户 9997 万户，覆盖全国 41.7% 的农户，各级示范社超过 13.5 万家。2008 年只有 5.8 万家，入社成员 77 万户，到 2015 年 10 月底合作社达 147.9 万家，入社农户 9997 万户，覆盖全国 41.7% 的农户，农民专业合作社正在飞速发展。

---

① 苑鹏：《改革以来农村合作经济组织的发展》，《经济研究参考》2008 年第 31 期。
② 张晓山、苑鹏：《合作经济理论与中国农民合作社的实践》，首都经济贸易大学出版社 2009 年版，第 1 页。

第四章 新农村建设中农民专业合作组织的发展现状与制约因素

第一节 我国农民专业合作组织的发展现状

《中华人民共和国农民专业合作社法》已于 2007 年 7 月 1 日起正式施行，该法第一条明确提出："为了支持、引导农民专业合作社的发展，规范农民专业合作社的组织和行为，保护农民专业合作社及其成员的合法权益，促进农业和农村经济的发展，制定本法。"2007 年 5 月 28 日，国务院又颁布了《农民专业合作社登记管理条例》。《中华人民共和国农民专业合作社法》和《农民专业合作社登记管理条例》颁布实施后，农民专业合作组织的市场主体地位得到法律肯定，这在实践中大大促进了农民专业合作组织的发展。

《农民专业合作社法》的法律调整范围为从事经营活动的实体类（注册为企业法人）农民专业合作组织，即农民专业合作社，不包括仅为成员提供技术、信息等服务，不从事经营活动的专业技术协会、农产品行业协会等非实体（社团法人）农民专业合作组织。在《农民专业合作社法》出台以前，农民专业合作组织中实体类仅有 15% 左右，非实体类多达85%。由于国家通过《农民专业合作社法》的初衷就在于期望以农民专业合作社这种更为规范的形式来发展农民专业合作组织，所以政策导向是引导农民专业协会向农民专业合作社发展。鉴于现实中专业协会难以发展成为专业合作社的原因之一是资金困难，《农民专业合作社法》对建社资金门槛未做硬性规定，只提出有符合章程规定的成员出资即可。《农民专业合作社法》第十条规定：设立农民专业合作社，应当具备下列条件：一，有五名以上符合本法第十四条、第十五条规定的成员；二，有符合本法规定的章程；三，有符合本法规定的组织机构；四，有符合法律、行政法规规定的名称和章程确定的住所；五，有符合章程规定的成员出资。从中不难看出，原有的农民专业协会大多具备了变更为农民专业合作社的条件，只需规范后到工商行政管理部门提交相关文件，申请变更即可。因此，农业部农村合作经济经营管理总站副站长赵铁桥认为："该法实施后，现存的诸多农民专业协会等组织，只要符合合作社的相关要件，就可以依法变更登记，注册为农民专业合作社。据统计，目前有经营活动的农民专业技术、信息合作服务组织中，有81.3%的可改为农民专业合作社。"①

因此，这两部法律法规出台后，农民专业合作社发展迅猛，到2008年6月底，全国依法登记、领取企业法人营业执照的农民专业合作社只有5.8万家，入社成员77万户②；但是，经过其后短短两年时间的发展，到2010年底，据国家工商总局公布数据显示，全国依法登记的农民专业合作社已达到37.9万家，实有入社成员2900万户左右，占农户总数的11%。这其中一个重要的原因就是大量专业协会变更登记为农民专业合作社。所以，2007年以来，农民专业合作组织的主体形式已体现为农民专业合作社。所以，本书在研究农民专业合作组织的实践现状时，最后是以农民专业合作社为主要对象的。

一　发展概况

目前，就农民专业合作社来说，据农业部农村合作经济经营管理总站的数据显示，截至2016年8月底，全国依法登记的农民专业合作社已达到173万家。鲁、豫、冀、苏、晋、黑、蒙、皖、吉、甘10省（区、市）农民专业合作社数量名列前茅，数量在7万以上；农民专业合作社数量在5万—7万的有6省，分别是川、鄂、浙、湘、辽、赣。合作社数量位居前列的前10省占总数的56.73%；再加上5万以上的合作社有6省，合作社数量位居前18省（区、市）共计占全国总数的78.24%。另外，从合作社领办人78%为农民来看，农民专业合作社基本实现"民办、

① 孙浩杰：《农民专业合作经济组织生成与运行机制研究》，博士学位论文，西北农林科技大学，2008年。

② 张晓山、苑鹏：《合作经济理论与中国农民合作社的实践》，首都经济贸易大学出版社2009年版，第1页。

民管、民受益"；从产业分布来看，主要集中在种植业、养殖业。①

近十年来，我国农民专业合作社数量逐年递增如图 4-1 所示。

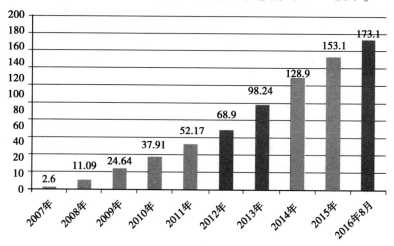

图 4-1　2007—2016 年 8 月底全国专业农民合作社数量（单位：万个）

资料来源：农业部农村合作经济经营管理总站课题组：《新常态下促进农民合作社健康发展研究报告（一）》，《中国农民合作社》2016 年第 11 期。

近十年来，我国农民专业合作社的增长率如图 4-2 所示。

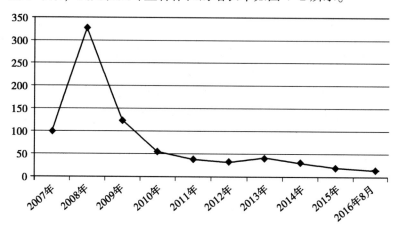

图 4-2　2007—2016 年 8 月底全国农民专业合作社增长率（单位：%）

资料来源：农业部农村合作经济经营管理总站课题组：《新常态下促进农民合作社健康发展研究报告（一）》，《中国农民合作社》2016 年第 11 期。

---

①　农业部农村合作经济经营管理总站课题组：《新常态下促进农民合作社健康发展研究报告（一）》，《中国农民合作社》2016 年第 11 期。

从各个省（区、市）的具体情况来看，截至 2016 年 8 月底，鲁、豫、冀、苏、晋、黑、蒙、皖、吉、甘 10 省农民专业合作社数量名列前茅，数量在 7 万以上，具体为：鲁 168740 家，豫 132282 家，冀 103647 家，苏 94658 家，晋 90001 家，黑 87975 家，蒙 76149 家，皖 73102 家，吉 72073 家，甘 71464 家。其余全国各省（区、市）的农民专业合作社按数量排列依次是：川 67906 家，鄂 65762 家，浙 64356 家，湘 60450 家，辽 53760 家，赣 50712 家，陕 49212 家，滇 43040 家，黔 41840 家，粤 40079 家，新 34837 家，闽 33293 家，桂 32642 家，渝 28454 家，青 14838 家，琼 14510 家，宁 13882 家，津 10895 家，沪 10811 家，京 7064 家，藏 6844 家如图 4-3 所示。

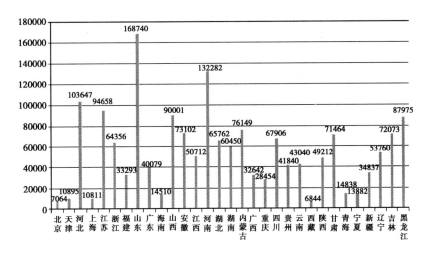

图 4-3　各省（区、市）农民专业合作社数量（单位：家）

资料来源：农业部农村合作经济经营管理总站课题组：《新常态下促进农民合作社健康发展研究报告（一）》，《中国农民合作社》2016 年第 11 期。

从合作社领办人来看，以农民领办为主，占 78%。此外，村组干部领办占 13%，企业领办占 2.5%，基层农技服务组织领办占 1.6%，其他社会力量领办的占 4.9% 如图 4-4 所示。

从产业分布来看，主要集中在种植业和养殖业，分别占 53% 和 28%，服务业占 8%，林业和其他产业分别占 6% 和 5% 如图 4-5 所示。

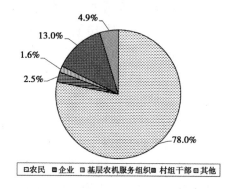

图 4-4　我国农民专业合作社领办者概况

资料来源：农业部农村合作经济经营管理总站课题组：《新常态下促进农民合作社健康发展研究报告（一）》，《中国农民合作社》2016 年第 11 期。

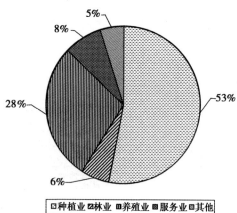

图 4-5　我国农民专业合作社产业分布概况

资料来源：农业部农村合作经济经营管理总站课题组：《新常态下促进农民合作社健康发展研究报告（一）》，《中国农民合作社》2016 年第 11 期。

二　农民专业合作组织的发生机制

农民专业合作组织在 20 世纪 90 年代中后期兴起，并在 21 世纪尤其是 2007 年以来获得飞速发展有着深刻的历史原因。总体来说，农民专业合作组织的兴起与发展离不开以下几个因素：一是我国的农业生产力发展水平；二是市场经济的推行与经济全球化的影响；三是特色农产品的产品特性，四是政府力量的推动（解决领办人不足问题），五是农民素质的提高。

（一）我国农业生产力发展水平的大幅提高是农民专业合作组织产生的基础条件

在农业生产力水平低下的年代，农民生产的产品数量有限，农产品主要用于自给自足，农民无须与外界进行大量的交换，也没有大量的剩余产品用于这种交换，因此，在农业生产剩余很少的条件下，农民根本无须考虑农产品的销售问题，围绕农产品的销售而产生的专业合作问题自然也不会发生。传统的小农经营模式里，农民都是兼业小农，种植自己生活所需的几乎所有产品，年复一年凭经验耕作，这与现代农业的经营方式完全不同。在现代农业经营模式里，农民（只是一种职业）生产农产品的第一目的不再是为了自给，而是要把它作为商品卖出去，为了让自己的商品更有竞争力，农民要努力降低生产成本，而建立在分工基础上的生产专业化、规模化正是实现成本控制的重要途径。经过改革开放以来对生产力的解放和发展，我国的农业生产力发展水平越来越高，与之相对应，以前从未有过的"卖粮难"问题也开始频频出现，早在1984年，粮食产量达到当时历史最高水平，改革以来第一次出现"卖粮难"这一新问题，后因多种因素，农民生产积极性受挫，粮食减产，之后随着因减产导致的粮食价格出现走高，农民生产积极性才得以恢复；但是，1990—1993年，又发生了长达40个月的"卖粮难"问题，到2008年，据国家统计局发布的《2008年中国国民经济和社会发展统计公报》显示，我国粮食产量已达到52850万吨，第一产业总产值达到34000亿元，这既标志着我国农业生产力水平的提高，又预示着我国需要通过完善农产品流通体制来解决农产品的交易、流通问题。而农民专业合作组织就是在这个过程中农民自发采取的一个解决问题的手段：农民通过合作组织联合起来，统一购买生产资料降低投入，统一管理生产、交流技术达到专业化、规模化的效益，统一出售产品以影响市场价格，最后达到获得最大利益的可能。

（二）市场经济的推行与经济全球化的影响是农民专业合作组织产生的外部推力

1992年我国推行市场经济以来，农业经营的市场化也在逐步推进，除了大宗农产品粮食、棉花、油料价格国家有所控制外，其他农产品的交易已逐步实现完全市场化，尤其是我国加入世贸组织以后，国际农产品市场的形势也开始影响我国的农产品价格波动，这个过程中我国农业生产的小农经营与农产品市场的完全竞争状态的对立已成为一个异常突出的问题，势单力薄的小农户如何应对千变万化的大市场已成为影响"三农"问题的一个重要方面。

为应对这一问题，农民自发地联合起来，统一打造品牌，赢得市场美誉；统一管理生产，确保产品质量；统一销售产品，影响市场价格；在这个过程中农民为便于联络组建了农民专业合作组织，"抱团闯市场"，壮大个体小农的力量，使小农联合为大农，可以在一定程度上解决小农获取信息能力不足，应用科技条件不够，打造品牌成本太高，影响市场力量弱小等诸多问题。

在这方面，农民自发联合的结果就是逐渐形成一个地方的特色优势产业，并达到一定的产业规模。对于由于产品差异很小（在消费者看来，产品表面差异不大）从而竞争性很强的农业来说，任何基于市场目标的合作行为，都需以具有一定规模的生产集群为条件，只有达到一定的产业集中度，其市场目标如占领市场、影响价格等才有可能实现。这就是现在很多乡镇都成为某特产之乡的原因。中央有一个政策，就叫作"一村一品，一品一社"，也是如此。这也是目前我国农业专业化生产水平较高的地区，农民创建农民专业合作组织较多的原因。以甘肃省为例，大多数农民专业合作组织都是围绕着当地的特色农业而产生和发展的。如在甘肃陇南市，因农产品特产品种较多，农民专业合作社数量也位居全省各地区前列，有 868 个。这些初具规模的产业带的形成，对于提高当地农业产业化水平，带动农民增收致富，起着十分重要的作用。

（三）农产品的产品特性是促进农民专业合作组织成立的自然因素

第一，农业是一个生物性行业，产品的自然属性往往使其难以耐受过长的时间，即期销售压力很大，尤其是谷物类以外的农产品，如水产品、奶制品、花卉、蔬菜、水果等农产品，其保鲜期短、易腐烂、易损耗、不易运输等诸多特性都使农民在产品能否顺利销售方面压力巨大，如果不能在合适的时间内顺利销出，商品发生质变，价格就会急转直下，甚至可能赔本。因此，在这些行业，农户合作的内在要求远远高于一般农产品行业，而且，其合作的最初动因往往起源于销售顺利，如在美国，谷物生产者利用合作社营销只有 6%，而那些易腐农产品的生产者与合作社之间进行营销协议的高达 75%。在我国，粮食、棉花、油料等大宗农产品领域，合作组织也数量极少，比例一般在 10%以下，常见的都是围绕产品保鲜期短、易腐烂、易损耗的农产品组建的合作社。当然，这一方面也是因为国家对于粮食、棉花、油料等大宗农产品一直有比较严密的宏观调控，使合作组织的孕育缺乏必要的政策空间。

第二，农产品生产过程中的技术要求、规模要求、资金门槛也会对农户行为产生影响。如果某种农产品的生产过程需要农户具有较高的专业技术水平，或投入较多的资金，或二者兼具，对农户而言，这就越需要借助于外界的一定支持，这会促使农户自发地与能给他提供帮助的社会力量联合，或者是从事同样行业的专业大户，或者是相关组织如农技部门，一般来说，随着技术要求、规模的提高和资金门槛、资产专用性的提高，农民会意识到组建专业合作组织的必要性越来越大。

再次，农产品往往是交易频率高的产品，这使得产品交易成本较高，为了降低交易成本，农户进行合作销售的意愿较大，这也是农民专业合作组织产生的一个诱因。

最后，具体农产品的供求特性也会影响农民专业合作组织的组建。如果农民距离终端市场和农产品加工者很近，信息灵通，直接采购者很多，买方优势不明显，市场风险较小，农民联合组建专业合作组织的愿望就不强；相反，如果农民距离终端市场和农产品加工者很远，面临地理位置限制、信息不对称等问题，而且问题相当严重，买方优势明显，市场风险很大，农民组建专业合作组织的愿望就比较强烈，而且会倾向于组建产权关系紧密的农民专业合作社。

因此，就产品特性因素而言，农民专业合作组织通常率先兴起于产品易腐烂、易损耗、保鲜期短、交易频度较高的农产品领域内，兴起于专业化程度较高、技术要求较高、资产专用性较高的行业中，兴起于距离终端市场较远，信息不足问题显著的地区，这些情况下，农民尤其需要借助于集体的力量来克服个体经营的不足。

（四）政府力量的推动是农民专业合作组织产生的关键因素

政府对于农民专业合作组织的政策扶持和组织领导也是促进我国农民专业合作组织发展的一个关键因素，政府的介入至少是在时间上缩短了农民专业合作组织孕育阶段，从而加快了它的产生。在政府的指示下，政府相关涉农部门，原计划体制下的农村服务机构（如农技部门、供销社）积极地参与组建农民专业协会或专业合作社，虽然这其中也是因为这些部门需要寻找自身在市场化中的发展出路，但事实上，他们完成了政府的意图。农技部门、供销社、村组织等与普通个体农民相比，拥有大量的经济资源、人力资源、社会资源，他们显然更有能力让合作组织运行起来。因此，我国出现了大量的外生型农民专业合作组织。从某种意义上讲，他们实际上弥补了一个空白：当前农民合作社企业家的稀缺，他们承担了准合作社企业家的角色。但是，无可置疑的是，这也产生了一个问题：这些组织、机构在合作社创办之后，应当如何协调自身与农民的利益关系？怎样才能保证专业合作社还是"农民"专业合作社？

　　近年来，在参与农民合作社建设方面最突出的组织机构就是供销社系统。在寻求自身出路的压力下，供销社凭借在农村流通领域的根基，积极领办农民专业合作组织。但是，由于供销社终究是一种外来力量，并非真正的农民组织，其参与合作组织也有现实的利益考虑，因此其领办的专业合作组织，往往具有鲜明的股份化（资本化）色彩。作为领办人的供销社，其谋利意图与真正的合作组织的原则存在一定的冲突。在目前看来，由于农民条件有限，而供销社拥有一定的组织网络、人力资源和物质资产，依靠供销社来领办农民专业合作组织并无不妥，经过改造后，在合作组织民主管理的原则下运行的供销社也完全有条件成为联结农民与市场的纽带和桥梁。这种情况既有利于供销社的体制改革，又能解农民燃眉之急，倒也不失为一个可取之道，但是，这必须建立在理顺和明晰专业合作组织产权关系、确保合作组织的民主管理的基础之上，也即建立在"民办、民管、民受益"的办社原则基础上。

　　政府力量对农民专业合作组织的影响还体现在，在乡镇基层政权组织的授意下，村委会、村支部积极投身于农民专业合作组织的建设。当前，许多地区的农民专业合作组织实际都是由村两委领办的，许多地方村支书身兼数职，既是村支书，又是以本村村民为主要成员的农民专业合作组织的理事长，合作组织的建立，也是依靠村组织和村支书的号召力，如在农民合作组织不太发达的甘肃省，这种情况极为普遍，即便在农民合作组织较发达的山东省，这种情况仍然要在50%以上。如据西北农林科技大学博士孙浩杰实地调查，山东胶南地区57家农民专业合作组织中，52.6%

负责人为村干部。[①]

（五）农民素质的提高是促使农民专业合作组织发展的内在动力

组建农民专业合作组织，首先需要有一定数量高素质的农民。农民的素质、能力、资源等在很大程度上影响着农民专业合作组织的创建与发展。

第一，农民专业合作组织的产生需要一定数量的合作社企业家，即具有企业家精神的农民。农民自发建立合作社的可能性需要通过具有一定经营能力的农民的领办才能转化为现实性，如果没有这种能人大户的领办推动，合作社就不会很快产生。尤其是现在，已经不具备古典型合作社的基础——成员同质性的情况下。事实上，农民合作组织内部客观存在着领办者与普通成员之分，这些关键成员无论在规则制定还是管理决策中都拥有突出的影响力。正是因为农村在市场经济中涌现出这样一批具有企业家精神的农民，农民专业合作组织的发展才能成为现实。我国目前的农民专业合作组织，主要就是以农村能人或专业大户（实际上他们也可以被称为能人）为依托组织的。

第二，农民素质的提高是未来农民专业合作组织发展的根本动力。未来要促进农民专业合作组织的发展，从根本上来讲还是靠农民的素质、经营能力、科技水平的提高和各种资源的掌握及运用。尤其是在处理社会关系，建立良好的信息网络的能力方面，农民能力的高低直接影响着专业合作组织的发展。一个农民专业合作组织中，领办者的眼光往往决定着组织的发展前途。

三　农民专业合作组织的主要模式

虽然对农民专业合作组织的分类可以从多种视角进行，如按照农民合作的紧密程度分类，可以将农民专业合作组织分为农民专业合作社和农民专业协会两种基本类型；按照农民专业合作组织的功能分类，可以分为生产型、供给型、销售型、加工型、服务型、综合型等六种基本类型；但要探讨农民专业合作组织的运行模式，从现实中影响农民专业合作组织运行模式的主要因素来看，按组织领办者来分类是最合适的分析角度，因为对

---

① 孙浩杰：《农民专业合作经济组织生成与运行机制研究》，博士学位论文，西北农林科技大学，2008年。

于农民专业合作组织而言，领办者是谁对于合作组织的运行状态有着至关重要的影响。从这一角度出发，可以将农民专业合作组织划分为以下几类：专业大户或能人牵头型、龙头企业带动型、基层农技部门依托型、基层供销社依托型、村级组织依托型、农产品市场依托型。

专业大户或农村能人牵头型是指围绕某一产业，由专业大户或农村能人牵头带领中小农户自发组建创办农民专业合作组织，其特点是依托专业大户或能人的生产、经营经验与资金、技术、购销等方面的优势，由大户或能人牵头，联合周边地区从事同样专业经营的中小农户广泛参加所形成的农民经济互助组织。目前，牵头领办农民专业合作组织的农村能人主要包括以下几类人员：乡村干部；长期从事某种农产品专业经营，已达到一定规模的专业大户；长期从事农副产品营销活动，在获取市场信息及销售渠道上具有优势的农民。这种模式是目前我国的农民专业合作组织模式中最主要的形式，占到农民合作组织总数的86%左右。能人大户牵头型能较好地体现"民办、民管、民受益"的农民专业合作组织办社原则，但最大的问题是如何克服因资源、能力不足导致的后续发展乏力。

龙头企业带动型一般由实力较强的农产品加工流通企业牵头成立，龙头企业提供资金、技术、管理，统一收购农户的农产品并进行加工营销，农民按照与龙头企业的协议进行生产，双方结成在农业纵向一体化链条上的农民专业合作组织，专业合作组织作为中介在其中发挥协调企业与农户利益关系的作用，最终专业合作组织成为农业产业化的一种组织形式，形成紧密的产加销一条龙、农工贸一体化的生产经营体系。这种模式在我国农民专业合作组织中仅次于能人牵头型，约占总数的5%左右。龙头企业带动型能较好地实现农业产业化经营，但最大的问题是如何保证企业不过度侵占农民的利益。也就是说，如何让农民在工商资本主导下的农业产业化中受益。

农技部门依托型指依托县市、乡镇的农技推广站、农机站、种子站、兽医站等涉农部门，根据农民生产经营的实际需要，为帮助农民解决技术问题而牵头组建的农民专业合作组织。这种模式里，农技部门利用其人才、技术、设备等优势为农民解决技术难题，与农民结成共同体，其特点是可以更加直接地发挥部门管理经验和技术服务优势。由于现在农业生产对技术的要求越来越高，所以农技部门牵头的农民专业合作组织对农民有很大的吸引力。但是，目前由农技部门牵头组建的专业合作组织多为松散型利益联合体，即专业协会形式，这虽能解决农民一时的问题，却很难满足农民长远发展的需要，而且这些部门本身也面临着在市场体制下转型改制的转变，所以，长远来看，农技部门应当与农民建立更为紧密的利益结合体——专业合作社，业务也应当在技术服务基础上拓展实体性经营活动，如走向农产品产销合作社，不仅指导农民生产，还组织农产品统一销售。这种模式目前在我国农民专业合作组织总数中约占3%左右。

供销社依托型是指以供销合作社为依托，利用其在农村营销几十年形成的组织网络和供销优势，以解决农民的生产资料的统一采购和农产品的统一销售问题为主要业务，带动农民参与组建的农民专业合作组织。

村级组织依托型是指由村委会或村支部负责人利用在当地具有一定号召力的优势，把周边（一般是本村）相关农户联合起来组建而成的农民专业合作组织。这种模式往往是在乡镇基层政权授意下由村组织负责人牵头成立，其优势在于容易得到政府扶持，有利于充分利用政府的扶持政策；有利于形成农产品生产的规模化、专业化经营，形成"一村一品，一品一社"。这种模式，事实上已经归为能人牵头型，因为村组织的负责人一般都是当地能人，甚至可能是专业大户，很难找出不具备能人、大户牵头型农民专业合作组织特点的、纯粹的村组织牵头型农民专业合作组织，存在与村组织无关的能人、大户牵头型合作组织，不存在与能人、大户牵头型合作组织完全不同的村组织依托型合作组织。之所以还把它单列出来，是因为这种模式在目前具有普遍性。

农产品市场依托型是指由农产品批发市场或大型连锁超市发起组建，吸引广大相关农户加入的农民专业合作组织，也就是现在农业部提倡的"农超对接"，这种模式有助于减少流通环节对农产品价格的影响，能更大程度上将农业生产利润留在农民手里，如果农超双方结成紧密的利益联合体，农民还可能得到"二次返利"，更好地促进农民增收，而且这种模式因为能减少中间环节也能使农产品消费者在价格上得到更多实惠。这是发达国家的一个经验，也是目前我国农民专业合作组织发展的一个新态势。2010年中央一号文件提出要全面推进农超对接，重点扶持农产品生产基地与大型连锁超市等产销对接，减少流通环节，降低流通成本。截至2009年底，全国已有22个省（区、市）的7400多家农民专业合作社参与"农超对接"工程，产品销售总额已达到87.3亿多元。其中，由农业部直接帮扶引导实现"农超对接"的农民专业合作社就达到 600 多家。①

四　农民专业合作组织的制度运行

（一）组织机制

1. 入社自愿，退社自由。

自愿与开放的社员资格是合作社原则的第一条。经典合作社中，自愿加入和自由退出是社员的基本权利，任何人只要利用合作社提供的服务并能够承担社员义务，都可以申请加入合作社，不受任何政治、宗教、种族和性别的歧视；同时，如果社员想退出，也拥有自由退出的权利。在这一方面，我国的农民专业合作组织很好地体现了合作社的国际原则，无论是以农民为主体兴办的，还是非农民力量"领办"的，都较好地实行了这一制度。

但是，在自愿的前提下，现实中的农民专业合作组织往往倾向于接受有一定生产规模的农户，即专业大户加入，正如中国社科院农村发展研究所所长张晓山的调研结果所示：为达到对市场的合法垄断，农民专业合作社主要是以某种产品生产为主业的、达到一定规模的专业大户的联合，这种组织并不欢迎生产规模很小的兼业农户。目前，发展好的专业合作社往往设立门槛，排斥小农户。②此外，由于目前几乎所有的农民专业合作组织还是以社区为活动范围，只是在乡、村范围内活动，所以对成员的资格认定往往要求是本地农户。

在退出自由方面，绝大多数的农民专业合作组织都实行完全的退出自由，仅有一小部分农民专业合作组织对核心成员退出有所限制。例如，浙江省仙居县广度高山蔬菜专业合作社就规定合作社理事会成员及工作人员在职或在任期间不能退社，合作社的发起人不能退社。③

2. 股权结构。

经典合作社中，成员对合作社资本做平等的贡献，这是经典合作社成员同质性的体现，也是经典合作社强调"一人一票"的原因。这一点在当前我国的农民专业合作组织发展中很难体现。合作组织的领办者往往在

---

①　彭丹梅、孙中华：《大力发展农民专业合作社》，《农民日报》2010 年 2 月 10 日第 2 版。

②　张晓山、苑鹏：《合作经济理论与中国农民合作社的实践》，首都经济贸易大学出版社 2009 年版，第 7 页。

③　傅晨：《农民专业合作经济组织的现状及问题》，《经济学家》2004 年第 5 期。

股权结构中独领风骚，并凭借股本成为组织的核心成员，与一般成员在决策及规则制定中享有不同的权利。浙江省农业厅 2006 年在对全省 372 家农民专业合作社的调查结果显示，农民专业合作社前五大出资者持股量占合作社股份总量达 40% 以上的，达到 231 家，占样本总数的 62.2%，前十大出资者持股量占合作社股份总量达 40% 以上的，达到 300 家，占样本总数的 80.7%。[①] 据 2005 年国务院发展研究中心农村经济研究部与财政部农业司在东、中、西部各抽取 3 省共计 9 省 140 家农民专业合作组织进行的抽样调查结果显示：在 47 个有效样本中，理事会所有成员持股平均比重为 29.66%，其中，理事长持股平均比重为 15.62%[②]。这些调查情况表明，成员异质性已经成为我国合作社的一个突出表现。这一点表现在农民合作组织股权结构上，就是一股独大或数股独大，股份结构有着明显的分层和集中现象。这同时也预示着在农民专业合作组织的决策过程中，核心成员会拥有更大的权利。

（二）决策机制

民主控制是国际合作社联盟确立的合作社原则的第二条，在经典的合作社里，合作社的决策机制是社员代表大会的民主管理，依据"一人一票"的原则进行民主决策。现实中，我国大多数农民专业合作组织实行了这一制度，但存在向"一股一票"发展的趋势。据浙江省农业厅 2006 年所做调查显示：372 家合作社中，241 家实行"一人一票"，占总数 64.78%；48 家实行"一股一票"，占总数 12.90%；按生产经营规模入股，并按股投票的 12 个，占 3.23%；按交易额与股金额结合实行一人多票的 21 家，占 5.65%；有时一人一票，有时一股一票的 45 家，占 12.10%，其他 5 家，占 1.34%。[③] 这表明在浙江"一人一票"的民主管理与决策机制实行较好，但各种直接或变相的"一股一票"也有很大的影响，占 21.78%，存在"一股一票"的突出倾向。浙江的情况有一定的普遍性，其他地区的调查也大多如此。

"一人一票"与"一股一票"的最大区别在于前者强调的是成员的

---

① 徐旭初、黄胜忠：《走向新合作——浙江省农民专业合作社发展研究》，科学出版社 2009 年版，第 103 页。

② 韩俊：《中国农民专业合作社调查》，上海远东出版社 2007 年版，第 22 页。

③ 徐旭初、黄胜忠：《走向新合作——浙江省农民专业合作社发展研究》，科学出版社 2009 年版，第 106 页。

权利，体现了经典合作社的制度益贫性，而后者则强调的是资本的权利，体现了效率原则，追求资本收益的最大化。但由于当前农民专业合作组织运行中一个突出问题是资金不足，因而合作组织普遍对社员入股投资数量采取鼓励态度，这就必然要给予出资多的会员更大的投票权利，重大决策时按股投票便在所难免。这也是在现实约束下的制度选择。

在农民专业合作组织的决策运行机制中，还有一个重要的特点是专业大户或能人对组织决策的决定性影响。他们往往是农民专业合作组织的领办者、核心成员。与普通成员相比，他们显然拥有突出的影响力。产权结构中专业大户的突出，以及按股投票必然导致这样一个结果。究其根源，主要原因是大户与能人的稀缺，资本与管理人才的稀缺，合作组织的普通成员深刻认识到这些稀缺资源的难以获得，最终同意核心成员拥有组织的控制权和更大的剩余索取权。①

（三）利益机制

所投资本的有限回报和盈余按照成员与组织的交易额比例返还是农民专业合作组织应当的利益分配机制。目前我国农民专业合作组织的盈余普遍较低，甚至没有盈余，它们主要是为成员提供服务。浙江是全国范围内农民专业合作组织发育水平较高的省份，其农民专业合作组织的发育程度、赢利能力均在全国前列，但是，据 2006 年浙江省农业厅的调查显示，抽样选取的 372 家农民专业合作社赢利能力普遍不高，盈余在 5 万—30 万的占一半左右，5 万以下的占 16.94%，还有 3 家没有盈余。② 这种情况在中西部地区的农民专业合作组织中更为突出，中西部地区绝大多数农民专业合作组织目前还在发展的初级阶段，以为成员提供相关技术服务、信息服务等为主要业务，实体性经济活动开展不足，难以产生盈余，如甘肃省，截至 2009 年底，全省 5003 家农民专业合作组织中仍有 2302 家为农民专业协会这种非经济实体类合作组织，非实体类合作组织不进行实体性经营活动，当然不会产生盈余。

对于提取公积金、公益金、风险金的问题，据 2005 年国务院发展研

---

① 孙浩杰：《农民专业合作经济组织生成与运行机制研究》，博士学位论文，西北农林科技大学，2008 年。

② 徐旭初、黄胜忠：《走向新合作——浙江省农民专业合作社发展研究》，科学出版社 2009 年版，第 108 页。

究中心农村经济研究部与财政部农业司在东、中、西部各抽取 3 省共计 9 省 140 家农民专业合作组织进行的抽样调查结果显示：其中有盈余的 75 个合作组织中，税后利润 31.26% 提取为公积金，11.8% 提取为公益金，8.2% 提取为风险金，22.31% 用于股金分红，16.93% 用于"二次返利"，9.5% 用于其他。① 据 2006 年浙江省农业厅的调查也显示，合作社普遍提取"三金"作为公共积累，仅有 14.25% 的合作社没有提取"三金"，将近半数的合作社"三金"提取额占盈余的 21%—50%。② 这些调查结果显示，提取"三金"在有盈余的农民专业合作组织中较为规范，体现了国际合作社联盟所要求的投资有限回报原则。

对于利润分配，主要有两种形式：股金分红和按惠顾额返利，其中很多合作组织以股金分红为主。案例调查显示，东部发达地区农民专业合作组织运行效益较好，在盈余较多的合作组织里，体现了按惠顾额返利的"二次返利"原则。据 2006 年浙江省农业厅的调查显示，只有 4.84% 的合作社全部盈余用于股份分红，32.8% 的合作社股份分红占盈余的 21%—50%，39.21% 的合作社股份分红超过盈余的 50%；在按惠顾额返利方面，除了 21.77% 的合作社没有按惠顾额返利，其他合作社均实现不同程度的按惠顾额返利。③ 据 2005 年国务院发展研究中心农村经济研究部调查也显示，有盈余的 75 个合作组织中，税后利润 22.31% 用于股金分红，16.93% 用于"二次返利"。④ 目前，在农民合作组织发育水平较低的中西部地区，"二次返利"还不能实现。对中西部地区很多农民来说，农产品卖难是突出问题，专业合作组织只要能解决产品的销路，也就解决了农民的头等大事，农民很少想到在卖出产品后还能得到"二次返利"。而对于按股分红，农民充分意识到资金的稀缺性，因此对以高回报吸引资本拥有者持认同态度。⑤

---

① 韩俊：《中国农民专业合作社调查》，上海远东出版社 2007 年版，第 31 页。

② 徐旭初、黄胜忠：《走向新合作——浙江省农民专业合作社发展研究》，科学出版社 2009 年版，第 109 页。

③ 同上。

④ 韩俊：《中国农民专业合作社调查》，上海远东出版社 2007 年版，第 31 页。

⑤ 傅晨：《农民专业合作经济组织的现状及问题》，《经济学家》2004 年第 5 期。

第二节　新农村建设中农民专业合作
组织发展的制约因素

一　相关法规不完善

目前，我国已通过并实施了中国第一部专门规范和发展农民专业合作组织的法律——《农民专业合作社法》，该法确立了农民专业合作社的市场主体地位，对国家鼓励和支持农民专业合作社发展的政策和方式也做了原则性规定。这是我国首次以立法形式推进农民的经济互助与合作，反映了国家对于农民专业合作组织的重视。从 2007 年 7 月 1 日起法律施行至今，该法对我国农民专业合作组织的发展和规范化起到了巨大的促进作用。但这部法律在我国毕竟刚刚施行，无论从立法的完善程度，还是施行的规范性上来说，都还有很大的改进空间。而且这部法律中还有一些细节与现行其他法律有不一致的地方，尚需进一步完善。而这些法规的不完善仍然是目前制约农民专业合作组织发展的重要因素。

（一）《农民专业合作社法》尚需改进

《农民专业合作社法》从立法的完善程度上来说，还有很大的改进空间。

其一，未能解决所有农民专业合作组织的法律适用问题，该法的调整对象仅为实体型农民专业合作组织，非实体型的农民专业协会类组织在专门法律适用问题上仍然处于空白。

其二，对合作社不得拒绝接受符合章程规定条件的农民入社未作规定，不利于保护小农户利益，防止大户排挤小农户。

自愿与开放的社员资格是国际合作社联盟规定的第一条合作社原则，合作社不得对能利用合作社服务并愿意承担相应义务的人申请入社加以限制，或存在社会、政治、种族及宗教等方面的歧视。目前我国的农民专业合作组织多为专业大户、能人或者地方大姓牵头组建，如果这些大户、能人、大姓拒绝一些符合农民专业合作社章程规定的兼业小农户入社，那么这部分农户就不能享受农民专业合作社的好处，也无法享受国家通过合作社扶持农民的各种优惠政策。这对于小农户来讲是一种利益损失，国家希冀以此来促进农民增收的愿望也将落空。鉴于现实中已经出现的农民专业合作社设置过高入社门槛的问题，以及农民专业合作社本应具有的公益性，如何协调国家、大户、小农户的利益，实现各方共赢，已是一个现实问题。

其三，对合作社的独立性的强调没有很好体现。自治和独立是合作社原则的重要方面，合作社应该是由其成员控制的自治和自助的组织，即便它们与其他组织（包括政府）达成协议或通过社外渠道筹措资本，社员的民主控制和合作社的自治原则不应由此受到损害。但是对这一点，现行《农民专业合作社法》没有做出明确的规定。这不利于保护农民专业合作组织作为农民的自发组织的应有特性。

其四，对社员退社问题规定过于简单。社员权利与社员资格共始终，社员退社是相对容易发生纠纷的阶段，我国《农民专业合作社法》仅对社员自愿退社的程序等进行了规定，关于社员退社规定阐述过于简单，不能解决相关纠纷。社员退社，可以分为两类，一类是自愿退社，一类是法定退社。法定退社，是指社员基于法定事由的发生而丧失其社员资格。其他国家的合作社立法通常对法定退社事由进行了明确规定，如《意大利民法典》第 2533 条和第 2534 条就规定，合作社社员退社的法定事由是社员除名与死亡。同时，现行该法也缺乏关于社员除名的规定。除名是合作社做出的剥夺本社社员资格的一种处罚性措施。世界各国各地区的合作社立法，通常都有关于社员除名的规定，如德国《合作社法》就明确规定了社员除名的具体情况，一是加入事业范围相同的其他合作社，二是符合合作社章程约定的除名条件。[①]

其五，对于缴纳入社股金、会费等规定还有待完善。目前，政府推动合作社发展的愿望非常强烈，希望尽快把农民发动起来组建合作社，所以《农民专业合作社法》并未对组社资本的最低限额做出规定，对社员入社更未作会费之类的硬性要求，结果导致大多数合作组织不要求农民缴纳组建合作社的股金、会费等。如据 2005 年国务院发展研究中心农村经济研究部在东中西部 9 省所做的调查显示，129 个样本中 82.7% 的组织不要求成员缴纳股金，48.84% 的组织不要求成员缴纳会费。[②] 这样虽能在短期内吸引更多农户加入合作组织，促进合作组织的发展，但并不利于培养农户

[①]　曾文革、王热：《〈农民专业合作社〉关于社员权相关规定的缺失及其完善》，《法治研究》2010 年第 6 期。

[②]　韩俊：《中国农民专业合作社调查》，上海远东出版社 2007 年版，第 199 页。

对合作组织的主人翁责任感，不利于在农户与合作组织之间建立利益攸关的关系，不利于形成组织的凝聚力，从而不利于农民专业合作组织的长期发展。

其六，对于龙头企业加入合作社问题还有待商榷。以当前合作社的发展水平，允许工商资本控制的龙头企业加入是有问题的。对于与农户处于同一农业生产环节的龙头企业，可以允许其加入。但是，对与农户形成上下游产业关系的龙头企业来说，应该限制其加入农民合作社，还原农民专业合作社为完全的农民所有，保障农民对农民合作社的民主控制。

其七，社员权的委托行使不够规范。社员可以自己行使社员权，也可以通过他人行使。通过他人行使有两种方式，一是委托他人代理行使，一是选任代表来行使。我国《农民专业合作社法》对社员表决权代表行使制度进行了简略的规定，但缺失了社员表决权委托代理的内容。从世界各主要国家或地区合作社立法来看，一般都明文规定了社员表决权委托代理行使制度。如我国台湾地区《合作社法》第50条和《德国合作社法》第43条都有规定：社员可以通过代理人行使表决权，但应当通过书面形式委托其代理人，而且同一代理人不能同时代理两个以上社员。依据我国《民法通则》，我国《农民专业合作社法》也应补充完善社员表决权委托代理制度，防止实践中发生因此影响农民专业合作社民主管理原则落实的问题。[①]

（二）相关配套法律不完善

《农民专业合作社法》还存在与现行其他法律不一致的地方，还需完善相关配套法律。

其一，我国现行宪法第八条认为"农村集体经济组织实行家庭承包经营为基础、统分结合的双层经营体制。农村中的生产、供销、信用、消费等各种形式的合作经济，是社会主义劳动群众集体所有制经济"。但是，如前文所述，合作经济与集体经济是两个内涵不同的概念，不应简单地把合作经济等同于集体经济。如对这二者不加区分，可能会导致理论、立法、政策和实践等各个领域的混乱。应在《宪法》中修正对合作社的性质的描述。

---

① 曾文革、王热：《〈农民专业合作社法〉关于社员权相关规定的缺失及其完善》，《法治研究》2010年第6期。

其二，与农民合作社融资相关的金融法规不够完善。农民专业合作组织融资难、贷款难是一个多年来困扰组织发展的问题。目前相关的金融法规主要有《商业银行法》《村镇银行管理暂行规定》《农村资金互助社管理暂行规定》《贷款公司管理暂行规定》等。但这些法规都存在一个问题，就是对注册资本要求较高，如县市设立的村镇银行注册资本不得低于300万元人民币，在乡镇设立的村镇银行注册资本不得低于100万元人民币。农村商业银行设立要求更高，据《商业银行法》第十三条规定，设立农村商业银行的注册资本最低限额为5000万元人民币。对发起人资格现行法规也要求较高，如《村镇银行管理暂行规定》第八条和第二十五条要求，设立村镇银行应具备的条件之一是发起人或出资人至少有一家银行业金融机构且必须是最大股东或唯一股东，且财务状况良好，最近两个会计年度连续赢利等。这些过高的门槛事实上使农民融资问题很难有足够的解决渠道，不利于农民专业合作组织的融资、贷款问题的解决。①

其三，担保法过于严苛，农民专业合作组织贷款担保过难。目前我国的《担保法》是针对一般债权债务关系担保设立的基本立法，很多条款对农民来说难以操作。农民小额贷款担保机制尚未完善，需要完善《担保法》以及其他相关立法，建立适合农村小额信贷的担保机制，化解农民专业合作社贷款难问题。

其四，竞争法不够完善。虽然作为市场主体，农民专业合作社应当与其他市场主体公平竞争，但是，农民专业合作组织毕竟是一种特殊的市场主体，承载着许多社会功能，而且无可置疑，它是弱势群体——农民的组织，对待它不能用完全的市场化机制，对农业和农民合作社（农业合作社）的竞争保护也是多国常规做法。现行竞争法显然在这方面不够完善，应当加强立法予以完善。如对农民专业合作社的联合协议审查，如果其旨在降低成本、提高生产经营效率则应考虑为反垄断法所豁免。另外，政府也应通过一些手段如优先安排采购合同以便给农民专业合作社创造更好的竞争条件。②

（三）法律规定的相关扶持过于原则化，流于空谈

《农民专业合作社法》虽然单列了一章"扶持政策"，但并没有具体

---

① 刘小红：《论〈农民专业合作社法〉的立法完善——以经济法的干预方式为进路》，《农业经济问题》2009年第7期。

② 同上。

的专门针对农民专业合作社融资的制度安排。在第七章"扶持政策"中用一个条款笼统规定："国家政策性金融机构应当采取多种形式,为农民专业合作社提供多渠道的资金支持。具体支持政策由国务院规定。""国家鼓励商业性金融机构采取多种形式,为农民专业合作社提供金融服务。"这些规定仅止于原则性提倡,并未对农民合作社贷款难、融资难问题做出实质性规定,对于成员内部能否开展信用合作的具体办法也不明确,以致对现实中解决农民合作社的融资难和贷款难问题,基本没有效果。

二　政府配套政策不完善

近年来,虽然中央与地方各级政府出台了大量的支农政策和优惠措施,但是,由于总体支持力度还不够高,各地对扶持政策又落实不一,农民专业合作组织的发展仍然存在很大的问题。

(一)扶持力度不够大

从 2003 年起,财政部开始部署扶持农民专业合作经济组织的专项资金支持。当年安排了 2000 万元资金用于扶持财政部农民专业合作组织试点工作。2004 年,在中央一号文件中明确提出:"从 2004 年起,中央和地方要安排专门资金,支持农民专业合作组织开展信息、技术、培训、质量标准与认证、市场营销等服务。"在中央安排下,2004 年财政部提高了对农民专业合作组织的资金扶持力度,扶持资金规模达到 7000 万元,同时启动了"中央财政农民专业合作组织发展资金"专门项目,出台了《中央财政农民专业合作组织发展资金管理暂行办法》。随后几年,对农民专业合作组织的资金扶持逐年增加,2003—2007 年,累计专项扶持资金达到 5.15 亿元,对全国范围内 2700 多个农民专业合作社示范社予以资金扶持。[①] 2008 年以后,中央资金扶持力度大幅上升,2008 年达到了 3.3 亿元,2008—2010 年,中央财政累计安排专项资金达到 13.6 亿元。农业部也从 2004 年起开展农民专业合作组织示范项目建设,至 2010 年已累计安排项目资金 1.9 亿元,扶持了 1188 个农民专业合作组织。[②]

在中央的政策引导下,各省地方财政也在不断增加投入,到 2007 年,

---

① 苑鹏:《农民专业合作社的财政扶持政策研究》,《经济研究参考》2009 年第 41 期。

② 孙中华:《在纪念〈农民专业合作社法〉实施三周年暨农民专业合作社与农村经营体制创新研讨会开幕式上的讲话》,2010 年 7 月 12 日,四川农业网(http://www.scnyt.com/news/readNews.php? aid=40627)。

全国已有 29 个省（区、市）就支持农民专业合作组织发展制定了专门文件，明确了地方政府的专项资金扶持。根据农业部农村合作经济经营管理总站提供的资料，2003—2009 年，各地省级财政安排专项资金已超过18.2 亿元。这些扶持措施，极大地调动了广大农民群众发展合作社的积极性。

但是，相比于数量在 31 万家的农民专业合作社的总体规模，以及中西部大量存在的尚处于组织发展初期阶段的农民专业协会类农民专业合作组织，这些资金投入总量仍然严重不足，比如，中央财政支持下的示范社，一般能得到的资金扶持总额也就是少则数千元，多则二三十万元，这只能解决一些小问题，对于发展投入很多的农业产业化设施，显然远远不够。

（二）扶持政策各地落实不一

目前，各省、市、自治区基本都设立了扶持农民专业合作组织的专项资金项目。但是，各省扶持水平参差不齐。

在经济发达、农民专业合作组织发展水平也较高的东部各省，政府支持力度相对较大。一定意义上讲，政府的大力扶持也许正是农民专业合作组织发展迅速的重要原因。如浙江省在 2001 年就在全国率先建立了对农民专业合作组织的专项资金扶持制度，自 2001 年起，浙江每年对示范社给予 10 万—30 万元的资金扶持，支持其基础设施改造、农产品质量标准与认证工程建设、先进技术推广、生产标准化、专业化建设等。到 2008 年，浙江财政当年扶持资金规模已超过 5000 万元。江苏省和浙江省一样，2008 年的专项扶持资金规模已超过了 5000 万元。山东省 2007 年当年资金扶持规模为 4000 万元。广东省较低，2007 年资金扶持规模也达到 1000 万元。[1] 这些扶持对于培育在农村由下而上的农业产业化经营具有历史性的意义。

但是，在中西部地区各省、区、市，省级政府所能给予农民专业合作组织的财政专项资金扶持是非常有限的。如中部省份山西省政府 2005 年提出，在每年的省财政预算中安排不少于 500 万元的专项资金扶持农民专业合作组织的发展。[2] 这也是大多数中部省份的平均支持力度。在西部，

---

① 苑鹏：《农民专业合作社的财政扶持政策研究》，《经济研究参考》2009 年第 41 期。

② 同上。

情况同样不容乐观，虽然各省从资料来看对农民专业合作组织扶持起步在2003、2004年左右就已开始，但扶持资金规模却十分有限，比如，其中扶持力度最大的云南，2003—2007年扶持总额也才达到3081万元，[①] 这还不到浙江、江苏、山东一年的扶持总额。可想而知，这对于中西部农民专业合作组织的发展会产生多大的促进作用。现在，就全国而言，发展的马太效应日益突出，发达地区凭借其早发优势越来越好，而落后地区因缺乏发展资金越来越落后，地区之间的差异更加扩大，这已成为一个必须重视的问题。各省财政扶持具体情况如表4-1所示。

表4-1　　各省财政支持农民专业合作组织发展专项资金规模初步统计　　万元

东部	北京	天津	河北	辽宁	上海	江苏	浙江	福建	山东	广东	海南
累计	10000	1000*	1300	3500	6885	6500	15300	228	10000	2400	—
起始时间	—	2001年	2004年	2004年	2004年	2004年	2001年	2003年	2002年	2003年	

中部	山西	吉林	黑龙江	安徽	江西	河南	湖北	湖南
累计	1500	—	1000*	200*	—	300	400	1785
起始时间	2005年	2003年	—	2006年		2007年	2006年	2004年

西部	陕西	内蒙古	广西	新疆	重庆	四川	贵州	云南	西藏	甘肃	青海	宁夏
累计	1100*	—	2320	—			1120	3081	1700	—	460*	665*
起始时间	2004年	—	2002年	2007年	2002年	2005年	2003年	2004年	2006年	2004年	2003年	2003年

说明：　＊指2007年当年的财政专项资金规模。

资料来源：苑鹏：《农民专业合作社的财政扶持政策研究》，《经济研究参考》2009年第41期。

（三）完善的财政政策支持体系尚未建立

此外，虽然中央及地方多数省市都建立起了财政专项资金，但是并没有建立起完善的财政政策支持体系。目前各省地方政府的财政支持政策与地方长官的认识有很强的正相关关系，体现为随意性很大，长官意志明显，结果导致各地各级财政的专项资金投入规模差异很大，有时与当地的经济发展水平等并无一定的必然联系。[②] 毫无疑问，中央及各地的财政扶持应该通过法律、法规、条例等形式具体化、明晰化，以使政策有良好的稳定性。

---

① 苑鹏：《农民专业合作社的财政扶持政策研究》，《经济研究参考》2009年第41期。
② 同上。

（四）以项目为形式、以示范社为依托的财政扶持模式存在问题

目前的中央及地方各级财政扶持资金的落实，基本以支农项目为形式，以示范社为目标进行扶持，这虽有利于塑造典型，起到示范带头作用，但是，这也产生了新的不平等，难以体现财政投入的公平性。

（五）工商登记

登记管理过于宽松，导致产生一系列问题：一是内容不实，注册资金由登记人自己申报，有的合作社徒有虚名。二是出现"伪合作社"，有些涉农企业为了减免税收，享受国家的有关优惠政策，转型登记为农民专业合作社。这实际上侵害了真正的农民专业合作组织的权益。

三　内部运行机制不健全

（一）组织机制不完善

首先是组织加入机制不够完善，如目前没有入社资金门槛，导致一般成员与组织的利益关系松散，不能形成较强的组织凝聚力；又如目前对龙头企业等领办合作社不加限制，对组织中农民的主体地位形成威胁。

其次是退出机制不完善。社员资格是社员享受权利的基础，社员退社是非常容易发生纠纷的阶段，但现行《农民专业合作社法》仅对社员自愿退社的相关情况进行了规定，不能解决现实中的复杂情况。

（二）治理机制不健全

民主控制是农民专业合作组织的一个重要原则。我国大多数农民专业合作组织虽然也建立了"三会"齐全的组织结构，但这并不意味着就能实现成员对组织的民主管理。具体来说，当前影响农民专业合作组织民主管理的主要有以下因素：

第一，对大户、能人、龙头企业等牵头人与一般成员的权利平衡难。强者牵头，弱者参与是目前我国农民专业合作组织的共同现象。这导致一个问题，如何在强者与弱者之间找到利益平衡点。市场经济是一个竞争资源的机制，农民在经过近二十年市场经济熏陶后，对稀缺资源应当得到较高回报已有共识。大户等牵头人的技术、规模、营销网络、资金都是普通农民难以获得的资源，所以农民也就认可了这些牵头人的特殊权利。因此，很多农民专业合作组织的内部运行并不完全遵循合作制的基本原则，而是反映出合作制原则与公司制原则的一种混合，这突出表现在农民专业合作经济组织的决策机制上，实行按股表决非常常见，不少农民合作组织

事实上被发起人所控制，普通成员参与度低。在这种情形下，该如何实现广大普通农户利益的最大化是一个很现实的问题。

第二，是政府过度干预问题。据 2005 年国务院发展研究中心农村经济研究部的对 9 省 140 个合作社的相关调查表明，相当部分的合作社为政府推动型，因此，绝大多数的合作社存在政府主管部门的官员或村干部任职的现象。① 据邓衡山等 2009 年基于全国 7 省 760 个村的大样本调查显示，现有农民专业合作组织中乡镇政府和村干部参与发起的占总数的72%，企业参与发起的占 18%，纯粹由农民自发发起的仅占 16%。② 政府在农民专业合作组织的发起方面起着十分重要的推动作用，政府部门有这种热情原本是件好事，但问题在于，当农民专业合作组织已经开始运行，政府部门应当退居后台的时候，政府部门由于行为惯性还在习惯性地忙前忙后，甚至代替合作组织做决策时，好事就逐渐演变成了坏事，支持逐渐变味，成为干预，这就成了一件坏事。随着农民合作组织的运转，政府干预的副作用日益显现，一是不利于民主管理的实现，二是容易导致政府部门利用权力损害农民利益的事情发生，如代表农民签下不当合约。

（三）利益分配难协调

这首先体现在很多农民专业合作组织不能很好地处理积累与消费的关系，如提取"三金"比例较低，或根本没提取；其次体现在按股分红与按惠顾额返利之间难以平衡，组织领办者尤其是大户、龙头企业往往倾向于按股分红，普通成员则希望按惠顾额返利，二者之间难以平衡，普通成员没有建立起与农民专业合作组织利益共享、风险同担的利益激励和约束机制。

四 市场竞争力不足

目前，农民专业合作组织的市场竞争能力还不强，具体表现在资金实力差、专业化与标准化程度低、品牌建设不够、市场开拓能力弱、组织凝聚力差等方面，而这些又与人才与资金短缺有很大关系。

首先，资金是我国农民专业合作组织最大的短板。我国的农民专业合作组织资金规模偏小，专业协会没有注册资本，有注册资本的农民专业合作社资本数量远低于公司类市场主体。据 2005 年国务院发展研究中心农

---

① 韩俊：《中国农民专业合作社调查》，上海远东出版社 2007 年版，第 194 页。

② 邓衡山、徐志刚、柳海燕：《中国农民专业合作经济组织发展现状及制约因素分析——基于全国 7 省 760 个村的大样本调查》，《现代经济探讨》2010 年第 8 期。

村经济研究部与财政部农业司在东、中、西部各抽取 3 省共计 9 省 140 家农民专业合作组织进行的抽样调查结果显示：134 个有效样本中，注册资金在 10 万元以内的为 80 个，占总数的 59.69%①，这个资金规模不及一个最低水平的有限责任公司的一半。浙江是我国农民专业合作组织最发达的省份，据浙江农业厅 2006 年对 372 家示范社的调查显示，其平均股金总额也只有 69.4 万元，这个水平已是目前就省域来讲最高的水平，但在浙江的市场主体资金规模方面绝对属于低水平，在全国的市场主体经济规模方面也并无优势②。

　　其次，我国的农民专业合作社生产标准化、经营品牌化建设仍然滞后。农民专业合作社确实已经成为目前推进农业标准化生产、品牌化经营的重要主力。通过农民专业合作社，可以引导农户实施专业化、标准化生产，开展规模化、品牌化经营，组织农民发展优势产业，开发特色产品，积极参与农业产业化经营，推进现代农业建设。据统计，目前全国已有 20800 多家农民专业合作社通过了农产品质量认证，25700 多家合作社拥有注册商标，对提高农产品质量安全水平，增强农产品市场竞争力发挥了重要作用。③ 但是，相比于西方发达国家农民合作社几乎对所有农产品进行品牌化经营的情况，我国的农民专业合作社还需大大推进生产标准化、经营品牌化建设。

　　再次，组织凝聚力弱、成员共担风险的意识不够，也是目前一个制约农民专业合作组织发展的重大障碍。造成这一问题的原因很多，缺少合作文化的熏陶是第一个原因，如农民对合作的意义认识不够，还没有感受到合作的价值，合作组织还在发育初期，不能给农民带来较大利益等；另一个原因是合作组织没有严格的资金门槛，导致许多农民没有任何投入便可加入，加入之后又因为没有实质性投入而对其漠不关心。因此，从这个意义上来说，低门槛确实是一把双刃剑，一方面它尽可能扩大了合作组织的覆盖面，另一方面它又降低了组织的凝聚力。

---

　　①　韩俊：《中国农民专业合作社调查》，上海远东出版社 2007 年版，第 23 页。

　　②　徐旭初、黄胜忠：《走向新合作——浙江省农民专业合作社发展研究》，科学出版社 2009 年版，第 102 页。

　　③　孙中华：《在纪念〈农民专业合作社法〉实施三周年暨农民专业合作社与农村经营体制创新研讨会开幕式上的讲话》，2010 年 7 月 12 日，四川农业网（http://www.scnyt.com/news/readNews.php? aid＝40627）。

最后，人才匮乏也是导致农民专业合作组织市场竞争力不强的重要因素。没有足够数量的高素质人才参与建设是制约农民专业合作组织发展的最大障碍。当前农村地区普遍面临人才流失问题，由于工业化、城镇化的加速，大量乡村精英流向城市，在工业落后地区，几乎所有青壮年男子都在城市打工，农业经营依靠女人、孩子、老人，这被戏称为"386199"部队。且不论有文化、懂技术、会经营的新型农民匮乏，就是年轻力壮的农民也不是很多。农业经营的吸引力太低是导致农村人才流失的根源。农村人才匮乏的第二个原因就是农村包括基础教育、职业教育、农业技术教育在内的教育体系落后。

五　总体规模小，服务水平低

据国家工商局统计，截至 2015 年 10 月底，全国登记的合作社达到 147.9 万家，实有入社成员 9997 万户左右，占全国农户总数的 41.7%。这一水平比起以前确实取得重大发展，但是，从总体水平看，农民专业合作组织的发展仍然处于起步阶段，农民专业合作组织总体规模仍然较小，对农户的服务水平仍然较低。在农业现代化水平较高的国家，如丹麦、法国、美国、日本、韩国等，农业合作社对农民的覆盖率在 90% 以上，很多农民甚至加入几个合作社。我国目前仅有 41% 的农户加入合作社，再加上加入农民专业协会的农户，也不会超过 50%，这一比例明显偏低，反映了我国农民专业合作组织整体发展水平的低下。

此外，我国农民专业合作组织对其成员的服务水平较低也是一个问题。目前农民专业合作组织的业务主要限于统一购买农资产品、统一提供技术指导、统一销售产品、统一提供市场信息等经营性质的服务，对更高水平的服务，如统一进行产品认证和质量标准化管理，统一改造基础设施、采购大型设备，提供资金借贷、信用担保，进行全省、全国等更大范围的行业联合等都涉及较少，而这些业务对发达国家的农民合作社来讲，都是主要业务。应该说，导致这一现状的根源在于我国农业经营的专业化、市场化程度相对较低和合作宣传与教育的滞后。

六　地区差异大

目前，我国农民专业合作组织的地区分布情况差异很大，总体来讲，东部地区组织数量最多，水平最高，中部次之，西部数量最少，水平最低。依据 2010 年 6 月工商局登记的组织数量对各省进行排名，鲁、苏、晋、浙、豫、冀、辽、黑、皖、川 10 省名列前茅。这 10 省农民合作社数量均已过万，山东 31109 家，江苏 25785 家，山西 24936 家，浙江 22497 家，河南 19101 家，河北 12189 家，辽宁 11161 家，黑龙江 10474 家，安徽 10368 家，四川 10104 家；这 10 省中，东部地区省份有 5 个，中部 4 个，西部仅四川 1 省。然后农民专业合作组织数量在 5000—10000 的 8 省依次是：江西 8934 家，湖北 7895 家，内蒙古 7079 家，吉林 6914 家，陕西 6880 家，广西 6495 家，重庆 6089 家，福建 5088 家；这 8 省中，东部地区省份有 1 个，中部省份 3 个，西部省份 4 个（包括内蒙古、广西）。前 10 省农民专业合作社数量占全国总数的 65.2%；5000 家以上的 18 省则占全国合作社总数的 83.2%。从数据看，东部除京、津、沪、粤四省市，因为主要为二、三产业经济，所以农民合作组织数量较少之外，其他省份农民专业合作组织发展水平均位居全国前列；而中部地区省份比起东部就逊色不少，总体水平位于中等；但整个西部地区除内蒙古、广西外，仅有四川、重庆、陕西三省市农民专业合作社发育水平较高，其他西部七省份合作组织数量、规模都很小，如甘肃截至 2009 年底，仅有农民专业合作社 2701 家，不到山东的 1/10；新疆维吾尔自治区截至 2008 年底仅有农民专业合作社 1072 家[①]，西部整体水平位居最后。

经过六年时间的发展，情况有了一些变化，比如西部一些农业生产占较大比重的省份由于比较重视农民专业合作社的培育，农民专业合作社数量上升较快，如甘肃省 2016 年 8 月底农民专业合作社已上升到 71464 家，位居全国第 10，与 2010 的情况相比，变化很大。但是，总体来说，近年来，西部地区各省的农民专业合作社发展仍然较为落后，比如 2016 年 8 月底，从各个省（区、市）的具体情况来看，鲁、豫、冀、苏、晋、黑、蒙、皖、吉、甘 10 省农民专业合作社数量名列前茅，数量在 7 万以上，具体为：鲁 168740 家，豫 132282 家，冀 103647 家，苏 94658 家，晋 90001 家，黑 87975 家，蒙 76149 家，皖 73102 家，吉 72073 家，甘 71464 家。其余全国各省（区、市）的农民专业合作社按数量排列依次是：川 67906 家，鄂 65762 家，浙 64356 家，湘 60450 家，辽 53760 家，赣 50712

---

① 王戎、蒲春玲、王玉龙：《新疆农民专业合作经济组织的现状及对策》，《新疆社科论坛》2010 年第 1 期。

家，陕 49212 家，滇 43040 家，黔 41840 家，粤 40079 家，新 34837 家，闽 33293 家，桂 32642 家，渝 28454 家，青 14838 家，琼 14510 家，宁 13882 家，津 10895 家，沪 10811 家，京 7064 家，藏 6844 家，这其中除京、津、沪三地因城市化程度较高农民专业合作社数量较少外，其他农民专业合作社发展迟缓的仍然以西部省份为主。

全国各地市场化水平的高低不同，经济发展资源条件的差异，各省财政扶持力度的大小不一等都是造成这一现状的重要原因。

七　纵向一体化经营水平低

据农业部农村合作经济经营管理总站提供的数据，目前我国从事产加销一体化经营的农民专业合作社占合作社总数的 52%，这表明我国的农民专业合作社在纵向一体化经营方面已达到一定的水平，但是，与发达国家的农民合作社一体化经营水平相比，还有很大的差距。在法国，农业经营类合作社几乎都是产加销一体化的合作社，在美国，由农业合作社加工的农产品占 80%。导致我国农民专业合作社在纵向一体化经营方面水平较低的原因首先是因为农民专业合作组织资金、技术、管理等一体化经营所需能力的欠缺，其次可能是公司主导的农业产业化对农民合作组织的抑制。

第五章　新农村建设中农民专业
　　合作组织的完善

第一节　立足我国国情，借鉴国际经验
　　发展农民专业合作组织

一　西方发达国家政府与农业合作社的关系演变及启示

（一）西方发达国家政府与农业合作社的关系演变

1844 年，世界上第一个合作社诞生于英国工业小镇罗奇代尔（Rochdale），这是一个由 28 名织布工人创立的消费合作社，取名为公平先锋社（Rochdale Equitable Pioneer Society）。1860 年，在德国小镇福来默斯菲尔德出现了最早的信用合作社——赖夫艾森（Freidrich Raiffeisan）信用合作社。这两种类型的合作社当时都办得很成功。所以，至 19 世纪末，全英国已有与公平先锋社类似的消费合作社达 1500 多个，共计 1200 万社员，罗奇代尔先锋社更是达到 12000 多社员和 100 多万英镑的年交易额；而且，在德国也有了上千个赖夫艾森式合作社。这两种合作社形式还在西欧其他国家及北美、日本、印度等地得到广泛传播。①

应该说，合作社制度是工业革命、市场经济条件下社会矛盾激化的产物，是从 19 世纪 30 年代英国工人社会主义运动中孕育出来的。合作社是社会弱势群体进行自我经济保护的自助组织。合作社运动者们普遍反对私有制、反对资本对劳动的剥削，他们希望通过建立消费者和生产者的直接

---

① 陈意新：《二十世纪早期西方合作主义在中国的传播和影响》，《历史研究》2001 年第 6 期。

联系而摆脱中间商，从而逐步削弱资本主义，最终把近代企业的私有制改造成为合作制，他们坚信资本主义制度必将被新的、更合理和更优越的社会经济制度所代替。也正因如此，西方早期的合作运动曾被资产阶级政府认为具有社会主义倾向，而将其视为对立面。

尽管西方早期的合作运动具有较强的政治色彩和宗教色彩，但是早期的各种合作思想在政府与合作社的关系上，都坚持了合作社的独立性。在英国如此，在法国亦如此。英国是世界上第一个合作社诞生的地方，法国是世界农业合作社的发源地，早在19世纪中叶，就有了100多家以开展技术推广和购买肥料为目的的农业合作社，但是，同英国政府一样，法国政府在合作运动早期采取的也是防范的态度。直到19世纪后期，合作运动的纯经济化倾向日益明显，英、法两国政府才逐步减少了对合作社的敌对态度，通过相应立法承认了合作社的合法地位。①

1929年，资本主义世界爆发了历史上空前规模的大危机，之后欧美各国经济长期陷于萧条之中，为了对抗这场由自由放任的市场经济所导致的大危机，西方资本主义国家借鉴苏联的计划体制，走上了加强国家干预之路。在此背景下，西方各国为应对农业危机，纷纷实施农业保护政策，由于发挥的社会经济作用对于政府职能的发挥具有明显的促进作用，农业合作社②开始进入政府的视线，一些国家政府试图将农业合作社作为缓解经济危机和社会矛盾的手段，促进农村工业化和农业现代化的载体。合作运动因此全面兴起。在英国、法国、美国等国，政府开始介入合作社的发展，对合作社大力扶持、帮助，采取积极的政策工具来扶持合作社的发展，以实现其农村工业化、农业现代化的政策目标。

第二次世界大战以后，欧美发达国家对于合作社的扶持达到了高潮。西方多国政府试图通过农业合作社来推进农业现代化、农业机械化、农业垂直一体化经营等，如荷兰政府为了推行农业机械化，对合作社推广使用农业机械给予特别拨款的补助。法国通过《农业指导法》等法律引导农民成立专业合作社，通过优先保证农民专业合作社得到政府服务，提供优惠贷款和增加补助金等优惠措施，吸引农户加入专业合作社，达到政府促

---

① 苑鹏：《部分西方发达国家政府与合作社关系的历史演变及其对中国的启示》，《中国农村经济》2009年第8期。

② ＊在西方发达国家，农业合作社、农民合作社基本是同义语，相当于我国的农民专业合作组织。

进农业生产的集中化、专业化、一体化的目标。也就是说，工业化初步完成后，在推进农业现代化过程中西方各国往往更加关注合作社，大多通过扶持手段促进合作社发展，以加快农村工业化、农业现代化进程。但同时合作社也保持着自治、独立的原则。

20 世纪 70 年代，资本主义"滞胀危机"爆发，奉行国家干预的凯恩斯主义在西方遭遇寒流，强调自由市场的新自由主义登上舞台，成为西方各国新的指导思想。在新自由主义的新浪潮下，曾经轰轰烈烈的各国农业合作运动也遭遇空前挑战，西方各国的合作运动开始徘徊不前；而在社会主义国家和很多发展中国家，农业集体化、农业合作化运动也逐渐瓦解。[①]

尤其是 20 世纪 90 年代以来，随着经济全球化、贸易自由化的快速推进，国际市场竞争加剧，西方多国政府逐渐将合作社视作普通企业，对于合作社的特殊政策支持日趋减少，政府对于合作社的支持更多地转向为给合作社提供与其他类型企业一样的公共物品，例如提供技术咨询、信息资讯、合作教育等，不再给予合作社特殊的优惠政策，取消了对合作社的公共项目支持、减少了资金补贴和税收优惠等。但此时西方的农业合作社，已经在过去政府的大力扶持下发展成为专业化、规模化、市场化的现代农业经营组织，已经具备了较强的市场竞争能力。为应对新的形势，90 年代以来，在美国、加拿大还出现了合作社的创新形式——"新一代合作社"。

到了 21 世纪，2008 年，随着美国次贷危机引发全球性经济危机，新自由主义正受到空前怀疑。新危机之下，美国等西方多国纷纷通过国有化等国家干预手段来调控经济。笔者以为，未来 30—40 年，可能是世界需要通过重新加强国家调控、计划化、联合化等手段，以减少新自由主义的市场放任思想所带来的消极影响的时期，这一时期，国家干预、弱小市场主体的联合等凯恩斯时代的做法又将在一定程度上得以恢复，并被改进为更高级的形态。从这一趋势来看，未来 30 多年，农业领域的合作化可能将重新加强。尤其是在发展中国家，农民不仅要面对工业化的冲击，还要面对来自发达国家的强大同业者的冲击，联合起来以壮大自身显得更加迫

---

① 参见万秀丽《农民专业合作经济组织：中国特色农业现代化的现实选择》，《西北师大学报》（社会科学版）2010 年第 6 期。

切。在此情形之下，我国加强农民合作也可能是大势所趋。①

（二）对我国发展农民专业合作组织的启示

西方国家政府与农民合作社的关系演变至少能带给我们以下启示：

第一，为推进农业现代化、农村工业化，我国需要大力扶持农民专业合作组织。从西方发达国家政府与合作社的关系演变来看，20 世纪第二次世界大战前后，西方各国工业化初步完成后，在社会转型时期推进农业现代化进程中，政府非常重视农业合作社，往往通过各种扶持手段扶持农业合作社发展，以加快其农村工业化、农业现代化的进程；而在国家全面完成了工业化，现代农业得以建立，农业合作社已成为农业现代经营组织以后，政府开始减少对农业合作社的直接扶持，转向提供一般性公共服务。② 目前，我国已进入工业化中期，工业化已达到一定水平，总体上我国已进入社会转型期和以工促农、以城带乡的新阶段，作为一种农业现代化进程中产生的农民自发组织，我国的农民专业合作组织刚刚兴起，力量薄弱，非常需要政府予以各方面的扶持。特别是在加入 WTO 以后，农民专业合作组织正面临着市场化、全球化、产业化的多重考验，在国内外强势的工商资本的攻击下，如果没有政府的支持，农民专业合作组织很难生存下去。因此，依据发达国家经验，为发挥农民专业合作组织在我国经济社会转型期推进农业现代化、农村工业化中的作用，首先要大力扶持农民专业合作组织，增强其为农服务的实力。

第二，从扶持方式来看，政府应当通过税收、项目、信贷等经济手段，立法保护等法律手段对农民专业合作组织进行扶持。美、英、法等国，或是通过减免税收、信贷优惠、直接补助，改善合作社的资金状况；或是通过立法，维护合作社的合法权益，规范合作社的行为；或是通过提供公共服务，弥补市场不足，保障合作社与其他类型的市场竞争主体公平竞争。从这些经验来看，我国应当通过税收、项目、信贷等经济手段，立法保护等法律手段，提供公共服务等公共政策对农民专业合作组织进行全方位扶持，以增强其市场竞争能力。

第三，从政府与合作社的关系看，尽量保持农民专业合作组织的独立

---

① 参见万秀丽《农民专业合作经济组织：中国特色农业现代化的现实选择》，《西北师范大学学报》（社会科学版）2010 年第 6 期。

② 苑鹏：《部分西方发达国家政府与合作社关系的历史演变及其对中国的启示》，《中国农村经济》2009 年第 8 期。

性，尽量使政府参与而不干预。自治与独立是国际合作社联盟确定的合作社原则之一，西方国家在对合作社扶持的过程中，虽然通过各种手段参与合作社的运行，但合作社自始至终保留着相对独立的地位，并未对政府唯命是从，实践证明，这也正是发达国家的农业合作社顺利运行的一个重要原因。我国也应该充分重视这个问题，在扶持农民专业合作组织发展的过程中尽量做到既积极为合作组织的发展创造条件，又不干预合作组织的内部事务，尊重合作组织的自治与独立。

第四，从长远看，政府对农民专业合作组织的政策最终是建立健全公共服务。西方国家的农业合作社，在政府的大力扶持下发展成为专业化、规模化、市场化、产业化的现代农业经营组织后，政府逐渐将合作社视作普通企业，对于合作社的特殊政策支持日趋减少，对于合作社的支持更多地转向为向其提供社会公共物品、改善公共服务。从发达国家经验来看，在我国的农民专业合作组织成长壮大后，税收优惠、资金补贴等特殊政策也将逐步消失，政府扶持，将主要体现在为合作社营造良好的市场竞争环境，例如为其提供经营管理咨询、财务会计指导、市场营销资讯、人才培养以及政策法律咨询等。

二　西方发达国家的农业合作社与国家立法

制度尤其是正式制度对社会经济发展起着根本性的制约作用，有效的制度安排能够降低经济活动中的交易成本，提高经济活动的效率。西方发达国家农业合作社发展的历史证明，国家立法这种正式制度安排对于农业合作社的健康发展有着非常重要的影响。

首先，合作社的发展离不开法律保障。发达国家政府十分重视制定并健全相关法律法规体系。

发达国家的政府从 19 世纪晚期认识到合作社的积极作用后，就从立法上确认了合作社的合法性，有效保护了其生存地位，这是合作社进一步发展的法律基础。1852 年，英国颁布了一部与合作社相关的法律——《工业及互助会法》；1867 年，德国颁布了世界上第一部《合作社法》；1895 年，英国颁布了一部合作经济组织专门法《英国产业经济合作法》；瑞典也制定了《合作社法》；美国在 1865—1870 年间有 6 个州通过了早期干预合作社的立法。① 日本也在 1900 年就仿照德国模式颁布了第一部合作社法——《产业组合法》。由于西方合作运动往往是自下而上地开展，在大多数国家合作组织为取得合法地位都经历了一番奋斗。如在美国，19世纪后期美国第一个农民合作协会成立时，反对者曾援引谢尔曼反托拉斯法指控其限制贸易自由，企图使法院宣布协会为非法组织。发生多起类似事件后，美国国会才于 1922 年通过了《卡帕—沃尔斯泰德法》，该法认可了农业生产者为共同利益自愿组织协会的权利，并明确规定，凡从事农产品生产的农场主、牧场主、奶农、果农等，皆可以协会、公司或其他类似形式进行共同加工、销售等活动，但此类组织须满足下列条件：(1) 只有从事农产品生产的个人，才能组成协会，集体加工和销售农产品，成立共有的销售机构；(2) 协会成员无论他的股份多少，都只有一票的表决权；(3) 成员按股分红比重不得超过股金数额的 8%；(4) 协会与非成员之间的业务往来不得超过与成员之间的业务量；(5) 协会的盈利按照成员与协会的业务量返还给社员。凡是符合上述条件的就是农民合作组织，享有有关法律规定的权利。该法明确了农民协会（即农民或农场主合作社）的性质，并据此为美国的农民合作社提供了一定程度的反垄断豁免，从法律上允许农民协会就其共同销售产品的价格与销售条件达成协议，只有在农民协会不合理地提高价格的情况下才会追究是否违反了反垄断法。② 这为农民合作组织维护其正当权益提供了强有力的法律武器。美国农场主从此具有了更大的谈判能力。

到 20 世纪 30 年代后，西方各国政府更是着力出台了促进合作社发展的法律，完善了与合作社相关的法律，为合作社的发展奠定了一个更加宽松、更加有利于其发展的法律环境，促进了合作社的飞速发展。

到目前为止，世界上已有 150 多个国家制定了合作社法或合作社示范章程，这些法规对合作社的性质、宗旨、地位、组织机构、经营管理等方面做出了明确规定，为社员制定了行为准则，使政府、合作社、社员三方都有法律规定的行为规范，保证了合作社的健康运行。③

---

① 徐旭初、黄胜忠：《走向新合作——浙江省农民专业合作社发展研究》，科学出版社 2009 年版，第 31 页。

② 张晓山、苑鹏：《合作经济理论与中国农民合作社的实践》，首都经济贸易大学出版社 2009 年版，第 93 页。

③ 白立忱主编：《外国农业合作社》，中国社会出版社 2006 年版，第 21 页。

其次，西方发达国家的相关立法对农民合作组织的经济活动产生了深刻影响。

在西方发达国家，政府对农民合作组织的调控往往通过对合作社的相关立法来进行。例如，在纳税问题上，政府往往通过制定非常详尽的税法来影响合作组织的经济活动。大多数国家20世纪30年代以来都对合作社的纳税制定过优惠政策，减免税收十分常见。法国、德国、美国、日本、瑞典等许多国家都有类似规定。在合作组织盈余分配问题上，多国政府也通过立法对合作组织的盈余分配做出了明确的规范，从法律层面要求合作组织限制资本报酬，合作组织成员按股分红的比例不得超过一定数额，如美国规定是股金的8%，英国是股金的5%，德国最初甚至不允许股金分红。发达国家这些限制股金分红的法律规定无疑对保证农民合作组织的合作属性、互助组织属性发挥了关键作用，体现了国际合作社联盟所提出的资本报酬有限的合作社原则。在经营范围方面，大多数发达国家的相关法规都要求合作组织与成员的经济往来，这体现的是合作社原则中社员的经济参与这一点，也有个别国家如德国曾禁止非社员参与合作社的业务活动。在获得信贷方面，大多数国家都通过立法规定了合作社获得贷款的条件，并给予了一定的优惠。

从西方国家的立法与合作社发展的关系来看，我国推出专门调整农民专业合作社的法律是十分必要的。实践也已经证明，自2007年7月1日起正式实施的《中华人民共和国农民专业合作社法》对促进农民专业合作组织的发展发挥了重要作用。目前，我国尚需进一步完善这部法律，以及完善相关的配套法律，以加强对农民专业合作组织的行为规范，引导其健康发展。

三　西方发达国家农民合作社与农业垂直一体化经营

在西方发达国家实现农业现代化的进程中，产业化经营是其基本途径，农业产业化经营是指将农业的生产、加工、销售有机结合，以垂直一体化的方式来经营。农业垂直一体化经营在西方发达国家主要体现为三种形式：

一是农产品加工公司业务向前延伸形成的农工商一体化综合企业，这种方式通常是由农产品加工企业自办农场，从事农业经营的供应、生产、加工、销售全部环节形成的。在欧美各国，都有许多这样的大公司。比如美国的"德尔蒙特公司"就是一个大型农工商综合体，也是世界上最大的果品蔬菜罐头公司。它拥有 38 个农场和牧场，经营土地达 80 多万亩，拥有 54 家加工厂、13 家罐头厂、6 个卡车转运站、1 座海运装卸站、1 个空运发售中心，在海外也设有加工厂和种植园。它已经把传统的"三大产业"完全连接在一起，实现了高度的一体化。这种一体化形式与农户基本无关。

二是合同制一体化，农产品加工企业、销售企业与农场主通过订立契约把农业经营的产、加、销结合起来，实现一体化经营。在西欧和北美等地，这种模式主要分布在专业化、商品化程度较高的养殖业、乳品业、果蔬业等行业。如在法国，专业化的大农场基本上都签订合同或参与从事农产品加工、销售的股份公司，用参股的形式与相关公司形成利益联结。

三是合作制一体化，即由农场主组建农民合作社，再由合作社进行农产品统一加工、销售，以增加附加值，这种一体化的方式是在农民中自生的垂直一体化，最有利于保护农民自身的利益。在欧美发达国家，这种形式也较为常见。如美国的冰糖合作社，原是在 1973 年由 1500 多名甜菜种植农场主购买了一家私营冰糖公司，又联合红河谷甜菜种植者协会进行合并后成立的一家合作社，目前已拥有 3000 多名社员，这些社员拥有将近50 万英亩的甜菜种植农场，该合作社已成为美国最大的甜菜加工企业，最大的糖类制造商、销售商，销量在整个美国市场占 16%。[1] 又如养猪王国丹麦 2001 年成立的"丹麦皇冠"屠宰合作社，是欧洲最大的屠宰联合体，现拥有 26 家生猪屠宰场，6 家熟食加工厂，雇员总数 20400 人，带动养猪农户 20000 户，丹麦近 90% 的生猪屠宰加工由其完成。它拥有一流的肉制品加工设备，先进的产品检测手段，高效的运输、销售体系，完全实现从产前、产中到产后的一体化经营。[2]

显然，在这三种垂直一体化形式中，农民（农场主）合作社参与的是后两种形式。从维护农民（农场主）的利益出发，只有合作制一体化也就是农民合作社主导下的一体化才是能实现农民利益最大化的形式。但在农户实力尚不足以自办加工企业时，合同制一体化就成为现实选择。

---

① 吕青芹、张林、韩星编著：《国外的农业合作社》，中国社会出版社 2006 年版，第40 页。

② 白立忱主编：《外国农业合作社》，中国社会出版社 2006 年版，第 83—84 页。

目前，以农产品产销履历可追踪为主要特征的履历农业制度①已成为世界农业经营的新趋势。这要求对农产品生产、加工到销售的全过程进行监控，也就是"从田间到餐桌"的全程安全管理。要适应这种管理模式，必须要建立农产品生产各环节的紧密联合，实行垂直一体化经营。这实际上对我国的农民专业合作组织的发展带来了新的挑战，在合作组织发展的初期，联合主要体现为横向联合，即横向一体化，现在我国农民之间的横向一体化尚未完成，就已面临纵向一体化的考验。这实际上非常不利于培养农民内生的纵向一体化，由于农民专业合作组织尚未具备足够实力去进行全程监控，行业的主导权便极有可能为工商资本所攫取，工商资本甚至可能会将农民专业合作组织排挤出去，这样，农民的利益实际上将难以保证，因此，履历农业制度对我国农民专业合作组织的发展而言是一个挑战。

第二节　创造有利于农民专业合作组织发展的外部环境

一　完善相关法规

2007 年 7 月 1 日起，我国第一部专门规范农民专业合作社的法律《农民专业合作社法》正式施行，至今已有十年了，该法施行以来，确实对我国的农民专业合作组织的发展和规范化起到了巨大的促进作用。但这部法律毕竟施行不久，从立法的完善程度来讲，还有很大的改进空间。而且，相关法规还有许多与其不一致的地方，尚需进一步完善。

（一）完善《农民专业合作社法》相关条款

其一，为保护小农户利益，防止大户排挤小农户，建议明确规定合作社不得拒绝接受符合章程规定条件的农民入社。要坚持合作社的互助组织性质，就应该保护小农户的入社权。

---

①　*履历农业，最早起源于英国，1985 年，英国发生第一起疯牛病；1996 年，第二次疯牛病危机之后，英国、爱尔兰、瑞士、丹麦、加拿大、葡萄牙及阿曼等国陆续发生疯牛病，欧盟鉴于无法确定疯牛病对人类感染的可能性，于是决定建立食品产销履历制度，作为应对疯牛病的对策，并在 1997 年制定最初的 EurepGAP。美国自 2003 年起规定输美的生鲜食品必须提供能够在 4 小时之内可回溯的履历信息，否则有权就地销毁。日本农林水产省从 2004 年开始建立并推广实施 JGAP，用以抑制生鲜蔬果病原微生物、化学物质、降低异物混入等风险至最低限度。

其二，明确强调合作社的独立性。自治和独立是合作社原则的重要方面，合作运动发展一百多年来的历史也证明，国家对合作社过度干预会导致合作社发展不够稳定，要使合作运动获得长久发展，必须明确强调合作社的独立性，以使其一开始就具有自我发展的潜力。作为自治和自助的组织，即便其成立受到政府大力支持，社员的民主控制和合作社的自治原则也不应由此受到损害。如果做不到这一点，就难以保证合作社的可持续发展。现行《农民专业合作社法》应当在这一点上予以明确。

其三，完善关于社员退社问题的规定。社员退社的情况除主动自愿退社外，还有被动法定退社。法定退社，是指社员基于法定事由的发生而丧失其社员资格。为维护合作组织的利益，有时候可能需要强制某些成员退社。应该参照其他国家的合作社立法，对法定退社事由进行明确规定（如多国相关法律规定，合作社社员退社的法定事由是社员除名与死亡）①，并对何种情况下社员会被除名做出具体规定。

其四，完善缴纳入社股金、会费等相关规定。现行《农民专业合作社法》未对组社资本的最低限额做出规定，对社员入社更未作会费之类的硬性要求，结果大多数合作组织都不要求农户缴纳股金、会费等，这虽能在短期内促进合作组织的扩大，却不利于在农户与合作组织之间建立紧密的利益关系。为使组织凝聚力更强，应酌情考虑严格成员入社时股金、会费的缴纳。

其五，酌情考虑龙头企业加入合作社的问题。以当前合作社的发展水平，工商资本控制的龙头企业是非常容易以其雄厚的资本实力控制合作社的。因此，对于与农户形成上下游产业关系的龙头企业来说，应该限制其加入农民合作社，还原农民专业合作社为完全的农民所有，保障农民对农民合作社的民主控制。对此类龙头企业要求加入行业联合组织的问题，可以通过成立行业协会来解决，行业协会可以将公司、合作社（完全代表农户利益）全部吸收进去，解决行业协调问题。但是，对于与农户处于同一农业生产环节的小型龙头企业，可以允许其加入。

其六，规范社员权的委托行使，确保合作社民主管理原则的落实。现

---

① 曾文革、王热：《〈农民专业合作社法〉关于社员权相关规定的缺失及其完善》，《法治研究》2010 年第 6 期。

行《农民专业合作社法》只是对社员表决权代表行使制度进行了简略的规定，内容不够具体。从合作社立法较早的国家来看，一般都详细规定了社员表决权委托代理行使制度。如《德国合作社法》第 43 条都有规定：社员通过代理人行使表决权应当通过书面形式委托其代理人，而且，同一代理人不能同时代理两个以上社员。① 可以参照这些国家、地区的相关立法，依据我国《民法通则》，补充完善社员表决权委托代理制度。

（二）完善相关配套法律

现行其他法律还存在与《农民专业合作社法》不一致的地方，还需完善相关配套法律。

其一，对现行《宪法》第八条做修订，明确合作社的性质。现行《宪法》第八条认为"农村中的生产、供销、信用、消费等各种形式的合作经济，是社会主义劳动群众集体所有制经济"。这一说法把合作经济与集体经济混为一谈，可能会导致理论和实践多个领域的混乱，应在《宪法》中加以修正。建议明确区分合作经济和集体经济，合作经济是建立在参与个体拥有经营自主权的基础上的，集体经济则是建立在生产资料由集体成员共同、平等地占有的基础上的。二者应该是完全不同的。

其二，推进《民法通则》的修改，把农民专业合作组织明确为一类独立的法人合作社法人。现在农民专业合作组织或被作为企业法人，或被作为社团法人，这实际上都不能反映农民专业合作组织的法人特征，可以借鉴西方发达国家的立法，设立其为一类单独法人——合作社法人。

其三，解决非实体型的农民专业协会类农民专业合作组织的法律适用问题，促进农民专业协会的健康发展。

其四，完善与农民合作社融资相关的金融法规。如修订《商业银行法》《村镇银行管理暂行规定》《农村资金互助社管理暂行规定》《贷款公司管理暂行规定》等与农民专业合作组织融资贷款有关的法规，降低对村镇银行、农村商业银行等农村地区的信贷机构设立的要求，如降低村镇银行注册资本不得低于 100 万元人民币，农村商业银行的注册资本最低限额为 5000 万元人民币的要求；降低对发起人身份、业绩的要求，如降低村镇银行发起人或出资人至少有一家银行业金融机构且必须是最大股东

---

① 曾文革、王热：《〈农民专业合作社法〉关于社员权相关规定的缺失及其完善》，《法治研究》2010 年第 6 期。

或唯一股东且财务状况良好、最近两个会计年度连续赢利等要求；通过降低要求，促进农村信贷机构的增加、发展，化解农民专业合作组织融资贷款难的问题。另外，借鉴德国的赖夫艾森（又译作雷发巽）合作银行的模式，允许农民集资自发建立新型农民合作银行等，为农民专业合作组织服务。

其五，建立针对农民的小额贷款担保机制，化解农民专业合作社贷款难问题。完善《担保法》以及其他相关立法，建立小额信贷担保机制，使农民专业合作社的信用担保体系更趋规范和健全。

其六，完善竞争法，对农民专业合作组织予以适当保护。农业是弱质产业，农民专业合作组织是现代社会中相对弱势的群体，不能用完全的市场机制来对待，而应该加以一定程度的竞争保护。可以参照美国等西方国家的做法，对农民专业合作社的联合以及由此所形成的一定程度的市场垄断进行豁免。①

二　加大政府的财政扶持②

加大政府对农民专业合作组织的财政扶持，根本目的在于改善小农户在市场竞争中的弱势地位，通过加大政府对农民专业合作组织的财政扶持，提高农民专业合作组织的市场竞争能力，保障农民专业合作组织与其他竞争主体平等发展，公平竞争。

第一，应加大中央及地方各级财政扶持力度，保证各省级财政都设立农民专业合作组织专项发展基金，保证一定比例的资金投入，扶持农民专业合作组织快速发展，从而加快新农村建设的步伐。

第二，坚持正确的扶持原则。首先，按照财政均等化的原则，在扶持示范社建设的基础上，逐步转向扶持绝大多数普通农民合作社，促进社会公平。应该说，这些农民合作组织更需要国家扶持。其次，国家的财政扶持应该满足农民专业合作组织的公共需求。从实现农民专业合作组织全体成员的共同需求出发落实财政政策，帮助其改善竞争条件，如为其提供必要的办公设施以及注册登记咨询服务，扶持其改善农业生产基础条件，帮助其开展产品质量标准化认证和技术推广，帮助其进行产品营销（如举

---

① 刘小红：《论〈农民专业合作社法〉的立法完善——以经济法的干预方式为进路》，《农业经济问题》2009 年第 7 期。

② 参见苑鹏《农民专业合作社的财政扶持政策研究》，《经济研究参考》2009 年第 41 期。

办农产品展览会），帮助其进行信息化建设等。再次，财政扶持对象的确定和扶持资金的发放应该坚持公开、公平、公正原则，接受社会公开监督。同时，财政扶持应向中西部地区倾斜，东部地区各省本省财政扶持力度就比较大，因此，应重点扶持欠发达地区的农民专业合作组织发展，促进各地区均衡发展。最后，财政扶持应当与国家的农业产业化经营政策、农业产业结构调整政策以及农业区域发展政策等紧密结合在一起，优先支持那些依托本地特色优势产业发展起来的、带动当地经济发展的能力强的、符合农业产业结构调整政策要求的、能促进农业产业化经营的农民专业合作社。

第三，做好具体工作，保证扶持效果。一是把农民专业合作组织作为承担政府支农项目的单位之一，使有条件的农民专业合作组织充分参与农业综合开发、农业产业化经营、农业技术推广、农村扶贫、农民培训等涉农项目，并创造机会更多地让农民专业合作组织平等参与财政支出中用于支援农村生产的各项工程，如农村举办的小型农田水利工程、打井、喷灌工程等，从而壮大农民专业合作组织的实力。二是灵活采用多种扶持方式，保证扶持效果。如直接提供政府公共服务，开展技术培训、合作培训，举办农产品展销会等；又如为农民专业合作组织购买第三方提供的服务，如农产品营销宣传、农业信息化建设工程等；另外，还可以对农民专业合作组织的项目建设直接补贴；最后，还可以以奖代补，对于社会影响好、示范作用强的专业合作社直接给予奖励，以奖代补。

三 出台更多税收优惠政策

作为对内不以营利为目的公益性组织，农民专业化组织的目标与政府目标有诸多一致之处，应当根据国家有关税收政策规定，对其实行税收优惠。在许多发达国家，这一做法甚为普遍。如在美国，农民合作社纳税税率只有工商企业的1/3；在日本，农协所得税税率只有39%，而一般企业为62%，在各种地方税方面，农协也要比一般企业税率低10%—20%，我国也应参照发达国家的做法，给予农民专业合作组织更多的税收优惠。

首先，减轻农民专业合作组织的纳税负担。如：所得税方面，免征所得税或降低税率。对已登记注册成立的农民合作经济组织通过向农户提供产前、产中、产后技术服务和劳务所得的收入应免征所得税。增值税方面，对于农民专业合作组织销售的社员自产与分等分级、整理包装、加贴品牌等简单初加工的自产农产品，免征增值税。营业税方面，农民专业合作组织从事农业机耕、排灌、病虫害防治、植保以及相关技术培训业务，家禽、牧畜、水生动物的配种和疾病防治等业务都免征营业税。国家民政部门批准成立的专业协会按规定标准收取的会费等可免征营业税。在城镇土地使用税方面，直接用于农、林、牧、渔业的生产用地，免缴土地使用税。在印花税方面，对农林作物、牧业畜类保险合同暂不贴花。[①]

总之，对农民专业合作经济组织，税收方面要坚持"少取"甚至"不取"的方针，减轻农民专业合作组织的税收负担，缓解农村资金紧张局面，帮助促进农民增收。

四　增强金融支持

第一，建立小额信贷担保机制和贷款贴息制度，改善农民专业合作组织的融资环境。通过财政补助引导、企业投资、社会集资等多渠道建立农民专业合作组织的信贷担保机制。在此基础上，实施对农民专业合作社的贷款贴息制度，通过担保和贴息两种手段，有效缓解农民专业合作社的融资困难问题。

第二，积极培育多种形式的小额信贷组织。改革农村信用合作社，使其真正为农民服务。应当允许农民成立自己的资金互助组织，支持农民专业合作组织的发展，如村镇银行、农村资金互助社等。我国目前已成立了一些此类组织，如四川仪陇惠民村镇银行、吉林省梨树县阎家村百信农村资金互助社，主要经营小额农户贷款、专业农户贷款等，有些贷款项目手续简单方便，只凭信用，无须担保即可获得。这些新型农村金融机构为我国农民专业合作组织的发展提供了方便。

第三，借鉴国外经验，为农民专业合作组织提供农业保险服务。农业是高风险行业，抗风险能力很差，极易受到自然灾害的影响。应当完善对农业生产的保险制度建设，帮助农户降低风险。

---

① 经庭如、崔志坤：《促进农村合作经济组织发展的财税制度创新》，《经济研究参考》2010 年第 20 期。

五　加强合作教育与培训

通过开展合作理念教育，营造浓郁的合作文化，是促进农民专业合作组织健康发展的必要条件。尽管如前文所述，早在 20 世纪 20 年代，就有一批知识分子在我国传播合作理念，三四十年代，在民间社会、知识分子、南京国民政府和我们党的推动下，合作实践也曾开展得如火如荼，但是，合作文化的积淀在我国仍然十分薄弱。所以，学者曹锦清感叹中国农民善分不善合。[①] 根深蒂固的小农意识，再加上市场经济下各自为战的残酷竞争，使农民更加分散。必须通过合作理念的教育，激发农民的合作精神、契约精神，激活农民的自主、自强意识，培养农民的群体意识，培育合作文化，营造合作氛围，使千千万万农民意识到，唯有通过合作，才能实现彼此共赢，赢得美好生活。

对于合作教育、培训的形式，可以采用多种方式。如农民合作社非常发达的丹麦，就是采用办成人夜校（folk high schools）对青年及成年人进行教育，培育合作社发展的人文基础。丹麦从 1844 年就成立了成人夜校，当时的农民和他们的孩子都积极到夜校学习，在夜校，大家不仅学知识，还学习参与民主决策，他们认识到要对自己的未来负责，这些奠定了今天丹麦合作社发展的人文基础。我国也可以灵活采用多种形式，可以办成人学校，可以成立文艺活动队宣传合作文化（如华中科技大学教授贺雪峰在湖北洪湖、荆门，中国农业大学博士何慧丽在河南兰考所做的合作实践），也可以进行新乡村建设实践（如温铁军的实践）。

开展合作教育需要相应的经费投入，这需要设立专项经费。目前，合作宣传与教育工作主要由各级农业经济管理部门承担，如果缺少足够的经费，农业经管部门担负的合作理念宣传、农民合作社管理及财务人员的培训、培养基层合作社辅导员等任务都将难以落实。因此，政府财政预算中应当将推进合作事业的工作经费单独列支，并纳入财政一般性预算科目，使之制度化、常规化。通过建立专项工作经费，培养一支高素质的宣传合作文化的干部队伍和一批基层合作社辅导员队伍。通过他们，在社会上大力开展合作理念的宣传、教育，培育民众的合作精神，切实推进我国的合作事业向前发展。

---

① 曹锦清：《黄河边的中国》，上海文艺出版社 2000 年版，第 166 页。

第三节　健全农民专业合作组织的运行机制

一　健全组织机制

健全农民专业合作组织的内部运行机制，首先是要完善进退机制。虽然大多数农民专业合作组织都能实现入社自愿、退社自由，但是，组织的进退机制并不完善。第一，在入社门槛问题上，目前需要综合考虑以下两个方面：一要体现合作组织的成员资格开放，防止大户设置过高门槛阻拦小农户加入，二要适当强调成员加入合作组织应承担的责任，如要求成员缴纳股金、会费，以建立成员与组织间的紧密关系，增强成员对合作组织的责任感。第二，在退出问题上，要完善退出机制。合作组织的原则之一是退出自由，这是目前急需完善的方面。因为我国的农民专业合作组织发展时间不长，目前尚未大量出现组织成员要求退社，但随着合作实践的深入进行，现在的农民与组织之间的关系必将重新整合，一些农民可能会要求退出某些合作社而加入另外的合作社，那么，成员退出是否受限制，何种情况下可退，何种情况下不可退，退出时股金、会费是否退还，退还多少，公共盈余可否分解，如何分解，这些问题都需要具体、详细，当前，一方面要在立法上更为详尽，另一方面应对合作组织的章程制定要求更为详尽。

其次，在组织机制方面，还需进一步理顺合作组织的成员结构，保证农民的主体地位。现行法律对法人申请加入合作社做了一些规定，如龙头企业、事业单位或社会团体，可以申请加入合作社。为了确保农民在合作组织中的主体地位，应把龙头企业分类对待，对于与农户形成上下游产业关系的龙头企业来说，应该限制其加入农民合作社，防止龙头企业以其雄厚的资本实力控制合作社。但是，对于与农户处于同一农业生产环节的小型龙头企业，可以允许其加入。

二　健全治理机制

健全农民专业合作组织的治理机制，首先是要完善治理结构，其次是完善成员权利行使机制，如委托行使制度，确保成员的投票权，再次要完善大户与一般成员的权利平衡机制。最后，要避免政府的过度干预。

完善农民专业化组织的治理结构，就是要健全"三会"：理事会、监事会、成员大会。这是农民专业合作组织完善治理机制的组织基础。其中，成员大会是合作组织的最高权力机构，每年至少召开一次。会议出席人数不得低于成员总数的 2/3，会议选举或决议须由成员表决权总数的过半数通过。成员超过 150 人的合作组织可设立成员代表大会。理事会则为常务管理机构，负责农民专业合作组织的日常经营管理工作。理事会产生的理事长为合作组织的法定代表人。监事会为监督机构，代表全体成员监督和检查理事会的工作。健全"三会"是实现农民专业合作组织内部相互制衡的管理机制的重要条件。

完善成员权利行使机制，当前主要是完善成员权利的委托行使制度与附加表决权制度，确保成员的投票权。在成员权利的委托行使方面，一要明确组织成员有权委托他人代行表决权，二要明确委托程序，三要明确哪些权利不可委托。在附加表决权方面，既要充分尊重出资额较大的成员的权利行使，也要考虑民主管理的原则，将附加表决权控制在一定程度内。

完善大户与一般成员的权利平衡机制，关键在于如何理解公平原则。从合作组织是所有者与使用者同一的组织这个角度来看，公平并非简单地体现为"一人一票"，对公平的把握，更应侧重于成员与组织的交易额与其权益大小的正相关对应关系，换言之，"一人一票"的典型做法源自合作组织曾经极为普遍的成员同质性，而在如今成员异质性越来越大的条件下，理应对公平原则有新的解释，否则将难以解决合作组织的效率问题，从而也将影响合作组织发展的可持续性。也就是说，现在允许大户享有更多的权利也是公平的另一种体现，是基于其对组织所作出的更大的贡献。因此，从这个意义上来讲，基于效率而产生的农民专业合作组织，是促使兼业小农户分化的重要途径，也是促进我国农业经营专业化的重要手段。

完善农民专业合作组织的治理机制，还需避免政府的过度干预。政府主要通过两条途径对农民专业合作组织产生影响，分别是行政介入和制度供给。目前，我国存在的问题是政府行为以行政介入为主，制度供给明显不足。当前，政府应尽快转变职能，减少对农民专业合作组织的行政介入，加强制度供给努力，如完善法规、财政扶持、信贷支持等，力求为合作组织的发展营造良好的外部环境。

三　完善利益分配机制

要完善农民专业合作组织的利益分配机制，一要处理好积累与消费的关系，二要处理好按股分红与按惠顾额返利的关系。

首先，要处理好积累与消费的关系。面对农民专业合作组织经营获得的利润，是优先用于积累，还是优先用于消费，这是一个现实问题。从合作组织资本报酬有限的原则来看，盈余应当优先用于组织积累，以满足组织发展的需要。具体来说，盈余应首先用于"三金"提取。要在提取盈余之前提取公积金、公益金、风险金，用于壮大组织发展实力，增强组织抗风险能力。

其次，要处理好按股分红与按惠顾额返利的关系。在提取"三金"后剩下的可分配盈余中，应首先用于按惠顾额返利，这是农民专业合作组织作为合作制组织的本质要求，农民专业合作组织不是资合组织，不应首先考虑投资获益，而应优先保证多惠顾者多得利，在按惠顾额返利的前提下，再将剩余盈余按股分红。

第四节　培育农民专业合作组织的行动主体

一　培育现代农民

农民专业合作组织的发展，需要的不仅仅是新型农民，有文化、懂技术、会经营的新型农民只能满足农民专业合作组织发展的部分要求。促进农民专业合作组织健康发展，需要的是高素质的现代农民，不仅要有文化、懂技术、会经营，还要有民主、自由、平等、开放等现代文明理念，农民具有这些开展合作事业需要的理念，才能真正推动合作事业的发展。

培育现代农民，首先，要大力发展教育，提高农民的科学文化素质。调整财政支出的教育投入政策，优先扶持农村九年制义务教育发展，确保农村所有适龄儿童都能接受义务教育。同时，大力发展针对农村青少年的职业技术教育，并且依托地方特色农业发展，广泛开展各种形式的实用农业技术培训和转移劳动力就业项目培训，使新一代农村青少年尽快成长为新型农民。

其次，要丰富农民的文化生活，培养农民具有现代文明理念。十七届三中全会指出："建立稳定的农村文化投入保障机制，尽快形成完备的农村公共文化服务体系。"完善农村的文化设施，扶持发展农村各种民间文化团体，通过开展贴近农民生活的乡土文化活动，鼓励农民继承和发扬勤勉、节约、团结、协作的精神，增强农民的开放意识、市场竞争意识、创新意识、民主意识、平等意识和法制意识，使农民树立起与现代文明相适应的思想观念。

最后，要引导农民参与政治，提高农民的民主素质。进一步完善保护农民权益的相关法规，并加强农村地区的普法宣传。正如十七届三中全会通过的《中共中央关于推进农村改革发展若干重大问题的决定》所指出的，要"以扩大有序参与、推进信息公开、健全议事协商、强化权力监督为重点，加强基层政权建设，扩大村民自治范围，保障农民享有更多更切实的民主权利"。进一步推行政务公开，依法保障农民的知情权、参与权、表达权、监督权。完善村民自治，以村民自治作为锻炼农民的民主选举、民主决策、民主管理、民主监督实践的平台，大大提高农民的民主素质。

总之，培育现代农民是一个系统工程，需要全社会的高度重视、关心、支持和参与。在农村的政治、经济、文化各项活动中，都要贯彻培育现代农民的要求，要把提高农民素质落实到党在农村工作的每一处细节当中，在农村形成一种良好氛围，使农民时时事事处处都受到文化熏陶，开阔视野，增长见识，提高素质，成为社会主义新农村建设所需要的现代农民。

二　培育合作社企业家

农民专业合作组织的发展需要既具有奉献精神和崇高理念，又具有企业家经营才能的高尚人才作为领袖人物，引领农民成功地走合作道路。许多国家的合作运动之所以能发展壮大，往往是因为一个或几个合作思想家大力推进的结果。这些合作运动的先驱者既满怀理想，又脚踏实地，勇于奉献，对本国的合作运动起到了至关重要的推动作用。我国也曾有这样的人物，如20世纪30年代献身于合作事业的薛仙舟、晏阳初、梁漱溟、于树德等人，他们对我国20世纪早期的合作运动做出过重大贡献。

合作社企业家与一般企业家的本质区别就在于他不仅是一个企业家，还是一个具有合作精神的企业家。很难想象一个不懂合作精神，没有合作所需要的"开放、民主、平等"等理念，没有为大家服务的境界的企业家能成为一个合格的合作社企业家。要培育这样的人才，需要从多方面努力。

首先，广泛宣传合作理念，使合作精神深入民心。只有合作精神被广大农民群众真正接受，适合合作事业发展的社会环境才能形成，才有可能出现愿为合作事业献身的乡村精英。

其次，扶持具有合作理念的农村能人、大户，对其进行专门培训，一方面加强其合作精神，另一方面提高其经营技能。应由财政拨出专款，用于这项专门培训。现在，农村经济发展最大的难点就是没有专业经营人才，应增加财政投入，加强对农村的各种专业培训，并选拔优秀农民接受国家财政扶持的专业及管理、经营技能培训和合作理念培训，培养更多的合作社企业家，建设现代农业，带领农民走向富裕。我国已开始了这项工作，已有一些优秀农村能人到青岛农业大学合作社学院接受教育。这项工作的开展，应该能对农村合作事业的发展起到较大的推动作用。

最后，建立一定的物质利益和精神激励机制。虽然我们期待有合作理念、奉献精神的合作社企业家出现，但是，现在毕竟是市场经济的大环境，而且合作社企业家也承担着一定的经营风险。因此，有必要建立一定的利益激励机制，肯定合作社企业家拥有一定的剩余索取权，并建立组织经营绩效的评估体系，使其能够获得适当的回报。此外，还要通过公众舆论对合作社企业家的地位与作用予以正面肯定，满足合作社企业家的社会认同需要，激发其荣誉感、成就感，以及要更加努力的精神动力。

第五节　提高农民专业合作组织的竞争能力

一　提高纵向一体化经营水平

提高农民专业合作组织的纵向一体化经营水平已成为目前极为紧迫的一件任务。在履历农业风潮刮向全球的时代，我国急需赶上这一潮流，这不仅是获得农产品出口通行证的需要，更是切实保障国内食品安全的需要。几年前，从三鹿三聚氰胺奶粉到双汇瘦肉精猪肉，食品安全问题在我国屡屡爆发，已严重影响了公众对国内食品安全的信心，而这些问题的发生，一定程度上都与我国的农业经营纵向一体化水平低下有关，原材料生产环节与加工环节的分离加剧了问题发生的可能。在这样的背景下，加快农民专业合作组织的垂直一体化经营已成大势所趋。

怎么提高农民专业合作组织的纵向一体化水平呢？就合作组织自身来

看，就是要推进农民专业合作组织主导或参与的一体化。首先，应创造条件帮助农民专业合作组织延长产业链，从农产品生产领域向农产品加工领域迈进，目前，仅有52%的农民专业合作组织实现了产、加、销一体化经营，这与欧美的农业合作社80%—90%都从事农产品加工相比，差距很大。发展农业产业化经营，需要农民专业合作组织进化为能将农产品生产、加工、储运、销售等环节全程控制的组织，既能保证产品质量，又能降低成品价格。

其次，在农民专业合作组织实力尚不足以主导农业纵向经营一体化的情况下也可采用合同制形式参与纵向一体化。农民专业合作组织可以与相关企业建立稳定的合同联系，发展"公司+农民专业合作组织+农户"式订单农业。在明确双方严格的经济责任及利益分配的基础上，涉农工商企业负责向农民合作组织提供各种农资产品以及全程技术指导，按约收购农产品并进行加工、销售，而农民专业合作组织代表农户负责从事农产品具体生产过程，以及按约提供农产品。在此模式中，公司负责对市场需求进行评估，并根据市场信息制订生产计划，农民专业合作组织负责按公司计划安排农户生产，双方既保持经济上、法律上的独立性，又建立了稳定的产业合作关系。这种一体化有以下基本特点：一是以经济合同为纽带；二是强调专业化、标准化生产，劳动效率、产品质量和规模效益都能得到大幅度提高。在农民专业合作组织自身不能进行产业化经营的情况下，这是一种次优选择。这种模式有利于克服农户家庭经营难以捕捉市场信息、难以提高生产技术水平、难以提供标准化产品、市场谈判能力差等诸多弊端。所以十七届三中全会也提出"鼓励龙头企业与农民建立紧密型利益联结机制"。但是，在这种模式下，存在着公司可能损害农户利益的问题，因此也需要不断通过法规加以完善。而且，这种由公司主导的一体化模式最大的问题是农户无法获得农产品加工过程中的增值，而据发达国家的经验，农产品的深加工过程中，农产品实现增值3—4倍，其中美国为5倍。[1]

二　提高专业化和标准化水平，保证产品质量

要提高农民专业合作组织的竞争力，还需要提高其生产工艺的专业

---

① 白立忱主编：《外国农业合作社》，中国社会出版社2006年版，第16页。

化、标准化水平，保证产品质量的优质和稳定。生产流程的专业化往往是提高产品的科技含量、提高产品质量、增加产品价值的重要手段，也是实现规模效益的重要途径。对于分工与专业化生产会带来生产效率的提高、产量的增长、质量的提高这一点，从亚当·斯密到马克思、刘易斯等众多经济学家都有论述，现在业已成为社会共识。而产品生产流程的标准化则可以保障产品质量的稳定性，这对于塑造有美誉度的品牌至关重要。因此，要积极进行农产品质量标准体系认证，努力提高农民专业合作组织生产经营的专业化、标准化水平，这对于提高其市场竞争力，为产品在市场通行打开道路来讲至关重要。

三　加强品牌塑造

在激烈的市场竞争中，有没有一个叫得响的品牌是能否最后赢得消费者的关键因素。要使农民专业合作组织获得持续发展，必须着力打造一个品牌，这既是目前许多发展较好的合作组织的成功经验，也是应对日益激烈的农产品市场竞争的需要。当农产品市场发展日益成熟，产品生产日益规范，产品供大于求的格局日趋严重，在市场竞争中获胜的关键因素可能就是产品形象。要在同质性产品竞争中最终胜出，在很大程度上就要靠产品本身以外的东西，如产品的市场定位、广告宣传、促销策略、文化内涵、总体形象等无形资源。因此，在市场经济的形势下发展农民专业合作组织，必须从一开始就有品牌意识，及早塑造品牌的良好形象，这是在激烈的市场竞争中长期生存的必需品。

第六节　因地制宜发展农民专业合作组织

一　依据地区情况，发展农民专业合作组织

（一）较发达地区，加强规范

东部沿海地区是农民专业合作组织较发达的地区，在浙江、山东、江苏、河北、辽宁等地，农民专业合作组织目前已经发育到一定程度。首先从数量看，东部地区各省份农民专业合作组织的数量整体较多，位居全国前列。如从农民专业合作社的数量看，组织数量在 7 万家以上的 10 个省份中 3 个在东部，而且数量远超中西部。

其次从实力、个体规模、竞争能力等方面来看，发达地区的农民专业合作组织已经达到一定水平，一些农民专业合作组织还在行业中占据了有利的竞争地位。如浙江新昌县兔业合作社成立于1996年，目前已拥有总资产2500万元，注册了品牌"白雪公主"，并通过合资、合作方式成立了两家毛纱加工企业，年销售额达到3700多万元，已具备与工商龙头企业竞争的能力。[①] 又如浙江临海市上盘西兰花产业合作社，成立于2002年，注册资本1303.6万元，拥有12家加工企业，运销大户4户，中介服务组织1家，种植农户1321户，生产基地6.8万亩，年产值1.9亿元左右，合作社严格质量管理，产品通过了日本严格的农产品"肯定列表制度"，在国际市场上赢得声誉，产品远销至日本、韩国、加拿大、英国等国家或地区，是出口商最放心的西兰花生产基地，在国际市场都占有一席之地。[②]

因此，从这些情况出发，东部发达地区发展农民专业合作组织的工作重点应是加强规范，即着重按《农民专业合作社法》健全农民专业合作组织的内部运行机制，培育组织自我可持续发展的能力，提高组织的市场竞争力。对于合作组织的内部事务，政府不应干预，政府应致力于为其营造与其他市场主体公平竞争的市场环境。

（二）中等发达地区，适度引导

中部地区各省农民专业合作组织发展速度很快，虽然中部无法与东部发达地区相提并论，但也远超西部欠发达地区，总体形势也还不错。农民专业合作社数量在7万家以上的10个省份中有4个在中部（山西、河南、黑龙江、安徽），其中山西90001家，河南132282家，黑龙江87975家，安徽73102家，数量在4万—7万的10省中3省在中部，江西50712家，湖北65762家，湖南60450家。作为农民专业合作组织发展程度在全国处于中等的地区，中部地区适宜采用的策略应当是适度引导，即一方面积极扶持农民专业合作组织发展，另一方面又要注意规范，适度引导，促使农民专业合作组织向健康、规范的方向发展。中部地区各级政府一方面应注重为农民专业合作组织创造公平竞争的市场环境，另一方面也要对农民专业合作组织分类指导，对发展起来的组织适时规范引导。

---

① 徐旭初、黄胜忠：《走向新合作——浙江省农民专业合作社发展研究》，科学出版社2009年版，第229页。

② 同上书，第252页。

（三）欠发达地区，加大扶持

西部地区经济发展水平相对较低，农产品剩余较少，市场化也相对较晚，农民的市场意识较差，因此农民专业合作组织的发展状况在全国排在最后。这一方面体现在西部地区的农民专业合作组织数量、规模、实力较小，农民专业合作社数量在 7 万家以上的 10 个省份中仅有 1 个在西部，即甘肃省 71464 家，数量在 4 万~7 万的 10 省中也只有 4 省在西部：陕西 49212 家，四川 67906 家，云南 43040 家，贵州 41840 家。西部其他省份如青海、新疆、宁夏、西藏、广西、重庆农民专业合作组织发育水平都非常低，如宁夏农民专业合作社仅有 13882 家，西藏更少，只有 6844 家。

另一方面也体现在农民专业合作组织的形式中非实体类组织农民专业协会比例太高，约占一半左右，而东部这一比例相对低很多。如甘肃省，截至 2009 年底，有 5003 个农民专业合作组织，其中专业协会就有 2302 个，专业合作社仅有 2701 个①；新疆维吾尔自治区截至 2008 年底有 2101 个农民专业合作组织，其中专业协会 1029 家，合作社只有 1072 家②；而东部省份浙江省，截至 2007 年底农民专业合作组织 5659 家，其中农民专业合作社达到 5141 家③，比例高达 90%，现在浙江省农民专业合作社数量已达 64356 家。

鉴于这种情况，对西部地区来说，发展农民专业合作组织的重点任务是创造条件，大力促进农民专业合作组织的孕育、产生，在发展过程中，可以采用放宽条件、鼓励发展的政策，先通过各种措施大力扶持农民专业合作组织的发展。政府在这一过程中还需发挥推动农民专业合作组织成立的积极作用。

二　依据具体条件，制定发展战略

我国地域辽阔，各地经济发展水平、市场化水平参差不一，即便在东部、中部、西部三大地区内部，各省、甚至各地市地域差异也很大，因

---

① ＊甘肃省农牧厅经管处提供。

② 王戎、蒲春玲、王玉龙：《新疆农民专业合作经济组织的现状及对策》，《新疆社科论坛》2010 年第 1 期。

③ 徐旭初、黄祖辉、邵科：《浙江省农民专业合作组织的发展与启示》，《中国农民合作社》2009 年 6 月创刊号。

此，对不同省份、不同地市来说，发展农民专业合作组织，所要采取的政策也要依具体条件而定，总体来说，应依据以下因素制定农民专业合作组织的本区域发展战略。

一是以当地特色优势农业为依托。很多发达国家的农业现代化经营都以形成大的农业产业带为特征，如美国，从全国来讲，形成了烟草、棉花、玉米、畜牧业四大专业主产区。据调查，我国的农民专业合作组织大多是基于各地特色优势农业发展起来的，因此，各地区要发展农民专业合作组织，离不开对地方特色优势农业的发展。可以根据当地的资源气候条件，选择本地最具发展前途的特色农产品进行发展，再以特色优势农产品为依托发展农民专业合作组织。国内农民专业合作组织发展最好的省份浙江省，就是按照农产品专业化生产、区域化布局、规模化经营的方向在全省形成了若干产业带，其中万亩以上的特色产业带就有 300 个，总面积700 多万亩。[1] 以此为依托，浙江省组织农民兴办专业合作社，总规模在全国位居前列，多达 64356 家，而且合作社经营规模、市场竞争能力都遥遥领先。又如地处西部的甘肃，农民专业合作组织的发展也与各地区特色优势农业联系在一起，形成了与马铃薯、制种、蔬菜、中药材、果品、啤酒大麦、高原牛羊肉等优势特色农业相适应的农民专业合作组织 5000多家。

二是以农产品商品率为依据。各地农产品商品率的高低也是需要考虑的一个重要因素。一般而言，农产品商品率高的地方，意味着农业生产力水平较高，农产品剩余较多，农产品市场发育较好，这些正是农民专业合作组织发育的必需条件，可以适时引导农民专业合作组织健康发展。而农产品商品率低的地区，由于农民尚未产生联合的迫切需要，合作组织可以等条件成熟后再发展。因此，各地区要充分考虑本地区的农产品商品率，根据实际需要制定农民专业合作组织发展战略。

三是充分考虑销售市场的距离及产品销售的难易程度。农户距离销售市场的总体距离及产品销售的难易程度也是影响农民专业合作组织发展的重要因素。据研究，在浙江，农民专业合作组织的发展以交通不便的地区如临海、台州更为突出。一般而言，距离城市等大型消费市场、批发市场

---

① 徐旭初、黄胜忠：《走向新合作——浙江省农民专业合作社发展研究》，科学出版社2009 年版，第 72 页。

较近的地区，产品销售较为容易，农户自发结成合作组织的情况较少，在交通不便的偏远地区，由于距离大型消费市场、批发市场路途遥远，产品销售风险较大，为抗御风险，农户自发联合的积极性就非常高。因此，在交通偏远地区更应大力发展农民专业合作组织，以帮助农民解决产品销售问题。

四是以农户经营的专业化水平与经营规模为基础。农户是兼业农户（指还从事非农业务）还是专业农户对农民专业合作组织的发展也有很大影响。一般情况下，专业农户指从事农业生产、生产规模较大、农产品商品率高、对组建农民专业合作组织的需求更为强烈，兼业农户因为收入来源的渠道较多、农产品生产规模较小、产品商品率较低而对合作组织缺乏兴趣的农户。因此，农户经营专业化程度较高的地区，可大力推动农民专业合作组织的发展，使之发展成为新型农业产业化经营组织。

第七节　妥善处理农民专业合作组织与相关组织的关系

在农民专业合作组织的发展中，需要妥善处理与相关组织之间的关系，鉴于对其影响最大的是两类组织：村两委与农业龙头企业，下文分别对此作出探讨。

一　妥善处理村两委与农民专业合作组织的关系

毫无疑问，村委会、村党支部（即村两委）是与农民专业合作组织关系最密切的社会组织。它们的行为深刻地影响着农民专业合作组织的发展变化。首先，它们是目前为止农民专业合作组织最主要的发起人，到目前为止，从全国来讲，农民专业合作组织由村两委领办或由村干部牵头领办的情况仍然极其常见。许多地方村支书身兼数职，既是村支书，又是以本村村民为主要成员的农民专业合作组织的理事长，而且，专业合作组织的建立也是依靠村组织和村支书、村主任的号召力。在农民专业合作组织发育落后的西部地区，如甘肃省，这种情况极为普遍，即便在农民合作组织较发达的山东省，这种情况仍然要在 50% 以上。据中科院邓衡山等2009 年对全国 7 省 760 家村农民专业合作组织状况调查显示，现有农民专业合作组织中由乡镇政府和村干部参与发起的占到 72%。① 其次，它们是乡村社会无可置疑的权威。根据中国（海南）改革研究院的农民组织权威性调查报告，村委会的权威性远远高于包括农民专业合作组织在内的其他农村组织，这表明村委会在农村社会事务中具有无可替代的作用。② 目前，全国农民专业合作组织带动的农户数也不过全国农户总数的 10% 左右，村委会却是覆盖所有农民的自治组织。最后，这两类组织之间有着割不断的天然联系。我国的农民专业合作组织一般以村或乡为界，生长于社区组织之中，与当地的社区组织村两委彼此互相需要。从村委会来说，基层政权下达的产业政策的落实，农产品新品种的推广，有了农民专业合作组织这个载体工作就能顺利开展。而农民专业合作组织则需要村两委给予政策、土地等优惠，还需要本身是农村能人的村干部的管理、协调能力。因此，如何处理村两委与农民专业合作组织的关系就成为一个重要的现实问题。

对于村两委领办农民专业合作组织，要看到其有利有弊。一方面，应该肯定村两委在领办合作组织中有它的积极作用和当前的现实必然性。首先，在目前，村两委仍然是农村最具权威的组织，它有着别的组织与个人无法比拟的配置乡村经济、社会资源的能力。其次，几乎所有的村干部都是当地农村精英、能人，这些人原本就是在农村发动农民成立合作组织的主要力量。最后，由村两委领办的农民专业合作组织具有对社区资源的有效配置的突出优势，它对内可以进行有效的资源调配，对外可以进行与乡、县政府及相关部门的沟通，能最大限度地实现效率、利益的最大化，这对于农民专业合作组织来说具有极大的吸引力。在农民专业合作组织的创建初期，村两委可以通过协调各方面关系，帮助农民专业合作组织解决信息、政策、土地等诸多现实问题，还可以通过村务建设、乡村文化建设等为合作组织发展营造良好的社会环境，这些都能明显降低合作组织的运行成本，有利于合作组织发展壮大。尤其是对于刚刚成立的农民专业合作组织来说，更是如此。也正因如此，现实中村两委领办的合作组织比比皆是。另一方面，也要看到村两委领办合作组织也容易出现以下问题：合作

① 邓衡山、徐志刚、柳海燕：《中国农民专业合作经济组织发展现状及制约因素分析——基于全国 7 省 760 个村的大样本调查》，《现代经济探讨》2010 年第 8 期。

② 中国（海南）改革发展研究院编：《中国农民组织建设》，中国经济出版社 2005 年版，第 25—29 页。

组织与村组织联为一体，难分彼此。既是村支书，又是合作组织理事长的村两委负责人在行动中很难完全区分村务与社务的边界，或者说，在他们眼里，村务就是社务，社务就是村务，或者将村组织的目标作为合作组织的目标，或者将合作组织的目标作为村组织的目标，或者将农民专业合作组织的盈余用于村务开支，或者将村组织的资源用于合作组织发展的私务，这些行为有的侵犯了合作组织社员的利益，有的侵犯了非社员村民的利益，都是导致农民专业合作组织与村组织发生利益纠纷的现实问题，也是合作组织难以具有自我发展能力的重要原因。因此，在村两委领办的合作组织中，为促进农民专业合作组织健康发展，需要加强农民专业合作组织的制度建设，健全组织决策机制，严格财务制度，明确其与村组织的财产边界，清晰界定产权，确保农民专业合作组织财务独立，还需要对牵头领办合作组织的村干部进行教育培训，使其逐步树立村务、社务分开对待的理念。

总体来说，应当在村两委与农民专业合作组织之间形成一种良性的互动关系，村两委积极帮助农民专业合作组织解决经营问题，农民专业合作组织积极配合村两委的各项工作。但是，从长远来看，还是要使二者作为组织适当保持相对独立，这样有利于实现农民专业合作组织的自治和独立，有利于培养合作组织的自我发展能力，虽然村干部可以担任合作组织的负责人，但必须明确村务与社务的边界。

此外，从这两个组织的关系来说，无论村两委是否是农民专业合作组织的发起人，农民专业合作组织都必须与其保持良好的合作关系。我国的农民专业合作组织虽然以业缘为纽带，虽然随着发展壮大逐渐突破了社区边界，成为乡、县、地市级甚至更大范围的专业合作组织，但是毫无疑问，它们最初都是在社区范围内产生的，社区组织是孕育它们的母体，它们与社区组织之间有着天然的血脉联系。而且村两委作为社区群众自治组织，掌握着调配社区资源的权力，这是合作组织无论何时都不可能真正脱离的，因此，必须正确处理与村两委的关系。

二　妥善处理龙头企业与农民专业合作组织的关系

与农民专业合作组织关系密切的另一个组织就是农业龙头企业。在农民专业合作组织的领办人中，龙头企业始终占有一定比例，而且即便龙头企业并非农民专业合作组织的领办人，它也能通过产业化链条影响到农民专业合作组织的发展。因此，如何处理二者关系就成为一个重要问题。

　　当前，龙头企业对领办农民专业合作组织很有积极性。之所以如此，是因为中央现在给予农民专业合作组织很多政策优惠，在贷款、税收、支农项目申请等方面都有一定的优惠政策，龙头企业出于利益最大化的考虑，积极领办农民专业合作组织，以充分享受国家各项优惠措施。

　　对龙头企业领办合作社这种情况，应该说有利有弊。一方面，龙头企业拥有一般农户无法拥有的许多资源，如资金、技术、营销网络等，这些资源能使农民专业合作组织发展得更快、更好。而且龙头企业也是合作社服务的使用者，它与农户之间是一种合作关系，符合合作组织关于成员资格的原则规定。另一方面，作为投资者企业的龙头企业，把追求利润最大化作为经营目标，这与合作组织的对内非营利性有着内在冲突，合作组织内部龙头企业与农户的利益事实上存在竞争关系，通常，作为合作社的大股东，龙头企业对由其带动的合作社实行按股分红很积极，但对按惠顾额返利执行的并不够，它们只会返还一小部分利润给农户，甚至根本不返利，这种类型的合作组织与其农户成员在产品交易方面往往一次性买断，以后环节的增值则由龙头企业独享。

　　因此，对龙头企业领办合作社的问题，在目前缺少足够的农民合作社企业家的情况下，允许其存在是对合作社企业家的一种替代，这对于促进农民专业合作组织的发展是有积极作用的。但是，为了将龙头企业领办带来的问题降到最少，一要在合作社运行机制中加以防范，如保证决策机制的"一人一票"为主，严格限制龙头企业的附加表决权过大，强制盈余按多大比例实行按惠顾额返利，保证一般农户的利益。二要在龙头企业的领办资格上作出区别。对于与农户形成上下游产业关系的大型龙头企业来说，应该限制其加入农民合作社，防止龙头企业以其雄厚的资本实力控制合作社。但是，对于与农户处于同一农业生产环节的中小型龙头企业，可以允许其加入。

　　而对于不参与农民专业合作组织的龙头企业，它们与农民专业合作组织的关系事实上要简单得多，就是单纯的市场竞争关系，遵循一般市场竞争法则。但是，农民专业合作组织作为相对弱势群体的自助组织，理应得到政府更多的照顾，事实上，我国现在的农业产业化过于倚重龙头企业，强势的龙头企业带动的农业产业化事实上在排斥农民专业合作组织对纵向一体化的业务拓展，这显然不利于保护农民的利益。为了保护农民的利益，必须采取措施，增强农民专业合作组织的市场竞争能力，政府应该出台更多政策，大力推进农民专业合作组织主导下的农业一体化，这种一体化，应该既包括横向一体化，又包括纵向一体化，只有这样，才能实现农民的利益。

结　　论

本书通过论证，得出如下结论：

一，必须坚持和完善农村基本经营制度，防止农地私有化。以家庭承包经营为基础、统分结合的农业双层经营体制是我国当前的农村基本经营制度，必须毫不动摇地坚持和完善这一制度，防止农地私有化。首先，这是由我国高度紧张的人地矛盾和现阶段农村土地所承载的对农民的社会保障功能所决定的。其次，现行的农地制度，承担着上亿产业工人的失业保障等社会保障功能，是我国的出口导向型发展模式中重要的安全调节器，是这一模式能够维持的必要条件。在我国完成发展模式转型之前，还须通过现行农地制度保障经济的可持续发展。最后，农业生产的生物性、分散性决定了家庭经营是农业生产中最适宜的经营方式之一。因此，必须坚持和完善农村基本经营制度，防止农地私有化。

二，农民专业合作组织是在家庭承包经营的制度约束条件下实现农业经营体制创新的新形式。在坚持农户家庭承包经营制度的基础上，通过农民专业合作组织实现农民联合，既能充分发挥农户家庭经营的积极性，又能提高农业统一经营的组织化程度。农民专业合作组织正是当前能够加强农业统一经营，完善农业双层经营体制的新载体，是我国农业经营体制机制创新的新形式。

三，中国特色的农业现代化是在土地家庭承包经营的制度约束下的农业现代化，农民专业合作组织正是在这一约束条件下实现农业现代化的有效载体。西方国家的农业现代化，多数是以土地大规模或较大规模集中经营为基础的，与西方国家实现农业现代化的基础不同，中国特色的农业现代化存在着明确的制度约束，那就是我国必须长期坚持农村土地集体所有制基础上的家庭承包经营体制，以小规模农户家庭经营为基础的农业经营体制是中国实现农业现代化的约束条件。对在约束条件下实现中国特色农业现代化的各项目标而言，发展农民专业合作组织应该是一条可行道路。农民专业合作组织有助于把分散经营的农户联合起来，有助于解决"小生产、大市场"问题，促进农业经营产业化；有助于加快农民自办农产品加工企业的步伐，促进农村内生的工业化；有助于农户市场竞争地位的提高，加快农业经营市场化；有助于突破小规模家庭经营的限制，促进生产手段机械化、科技化；有助于推进农业发展方式转变，实现增长方式集约化；有助于增加为农服务，促进农业服务社会化。总之，农民专业合作组织是在土地家庭承包经营的制度约束下实现农业经营产业化、农业经营市场化、生产手段科技化、要素投入集约化、生产服务社会化，建设现代农业的重要组织载体。

四，推进农民专业合作社主导下的农业产业化经营是我国解决"三农"问题的根本途径。"三农"问题的根本在于农业经营的低效与农民的利益无法保证，解决农业经营效益的低下，根本上要靠农业产业化经营，而在农业产业化经营中要保护农民利益，必须要让农民成为农业产业化经营的主体，因此，唯有让个体农民通过农民专业合作社联合起来，再通过农民专业合作社自办农产品加工企业，形成"农户+合作社+社办企业"的农业产业化经营新模式，才能够既提高农业经营效益，又保证农民利益。这种农村内生的、农民主导的农业产业化经营的新模式，也就是农民为主体的农业垂直一体化经营，一方面可以提高农业经营效益；另一方面可以使农业产业体系所产生的利润留在农民手中，使农民成为最大的受益者。这种模式与"公司+农户"的产业化模式的本质区别就在农产品深加工产生利润的分配上。应当大力发展农民专业合作社并推进农民专业合作社主导下的农业产业化经营，使农民真正成为农业产业化的受益者。从长远来看，这是我国解决"三农"问题的根本途径。

五，农民专业合作组织是营造文明乡风的内在动力。农民专业合作组织高度重视农民的合作精神、开放意识、平等观念、民主理念的培养，有助于改变农民狭隘的社会交往和小农意识，建立起适应工业文明的合作、开放、平等、民主理念；农民专业合作组织非常重视对成员的教育与培训，有助于提高农民的科技文化素质；农民专业合作组织的成立，使农民更加关注生产经营，焕发了农民群众投身农业产业的激情，有助于抑制农村的不文明行为，形成积极、健康的良好风尚。总之，农民专业合作组织有助于引导农村形成团结互助、合作共赢、发展生产、勤劳致富、崇尚科学的文明乡风，是营造文明乡风的内在动力。

六，农民专业合作组织能够成为未来我国农民制度化政治参与的有效组织载体。首先，农民专业合作组织可能成为未来农村民主政治建设中农民的利益代言人。在我国"乡政村治"的体制下，乡政府是我国的基层政府，村委会是基层群众自治组织，从理论上来讲，村委会就是农民的利益代言人，但是，由于村委会事实上的行政化色彩，通常被农民认为是基层政权的延伸而非农民的组织，很多时候并不为农民所认可。作为农民自发建立的组织，农民专业合作组织更易得到农民认可。已有实证研究证明，农民专业合作组织发展壮大后，作用不再局限于经济领域，开始向政治领域渗透，并且已经有参与政治的内在要求，成为其成员参与政治的组织载体。其次，农民专业合作组织参与政治有利于维护农村社会稳定。从一定意义上来讲，允许农民通过农民专业合作组织集体表达政治诉求，使农民专业合作组织成为追求农民的经济利益为主，实现农民的政治利益为辅的综合性组织不失为目前一个引导农民有序参与政治的有效途径。最后，由农民合作经济组织代言农民政治利益的情况在其他国家也多有体现。总之，通过农民专业合作组织，农民可以集体表达自己的政治诉求，政府可以了解农民的政治意愿，它可以成为连接政府与农民的中介，成为乡村治理体制中有效的行为主体，这对于减少农民个体的非理性、无序性政治参与活动，维护农村政治稳定将起到极大的帮助，农民专业合作组织能够成为未来我国农民制度化政治参与的有效组织载体。

七，农民专业合作组织是推进以农民为主体的新农村建设的重要途径。发挥农民的主体性是新农村建设的关键，而在新农村建设中要发挥农民的主体性，需要提高农民的组织化程度，要提高农民的组织化程度，需要借助于农民合作组织。当前，方兴未艾的农民合作组织是农民专业合作组织。作为当前最重要的、农民自发成立的组织形式，农民专业合作组织是发挥农民主体作用的重要载体。以农民专业合作组织为载体，推进以农民为主体的农民现代化、农业产业化、乡风文明化、乡村民主化，是推进以农民为主体的新农村建设的重要途径。

八，农民专业合作组织的发展前景展望。农民专业合作组织的发展历程与时代变迁有着深刻的内在关系。自合作社在西方国家取得合法地位以来，1929 年资本主义经济危机是西方国家农业合作社发展历史上的第一个分水岭，此前，西方国家政府信奉自由放任的市场经济，只是把农业合作社当做普通的经济组织来对待，此后，西方各国为应对危机冲击，开始奉行国家干预主义，将农业合作社当做缓解经济危机和社会矛盾的手段，大力扶持合作社发展，全球合作运动因此全面兴起。但是，1973 年"滞胀危机"以来，奉行国家干预的凯恩斯主义在西方遭遇寒流，强调自由市场的新自由主义登上舞台，成为西方各国新的指导思想。在新自由主义的新浪潮下，贸易自由区在各地建立，私有化、市场化、全球化、自由化风行全球，政府对农业和农民合作组织扶持逐渐减少，这一切都与 1929 年资本主义大危机以后的情形大相径庭，改变了长久以来合作社所依附并在其中发挥过重要作用的旧经济体制，对合作组织的发展带来不利影响，曾经轰轰烈烈的各国农业合作运动也遭遇空前挑战：西方各国对合作社的政策扶持急剧减少；而在社会主义国家和很多发展中国家的农业合作化运动也在 80 年代前后土崩瓦解。

到了 21 世纪，2008 年，随着美国次贷危机引发全球性经济危机，新自由主义又受到空前怀疑。新危机之下，美国等西方多国纷纷通过国有化等国家干预手段来调控经济。笔者以为，未来 30—40 年，可能是世界需要通过重新加强国家调控、计划化、联合化等手段，以减少新自由主义的市场放任思想所带来的消极影响的时期，这一时期，国家干预、弱小市场主体的联合等凯恩斯时代的做法又将在一定程度上得以恢复，并被改进为更高级的形态。从这一趋势来看，未来 30 多年，农业领域的合作化可能将重新加强。尤其是在发展中国家，农民不仅要面对工业化的冲击，还要面对来自发达国家的强大同业者的冲击，联合起来以壮大自身显得更加迫切。在此情形之下，农民专业合作组织在我国发展前景广阔。

参 考 文 献

著作类

［1］［美］道格拉斯·C.诺思：《经济史中的结构与变迁》，陈郁、罗华平等译，上海人民出版社 1994 年版。

［2］［美］G.J.施蒂格勒：《产业组织与政府管制》，潘振民译，上海人民出版社 1996 年版。

［3］［美］罗伯特·帕特南：《使民主运转起来》，王列、赖海榕译，江西人民出版社 2001 年版。

［4］［美］曼瑟尔·奥尔森：《集体行动的逻辑》，陈郁、郭宇峰、李崇新译，上海人民出版社 1995 年版。

［5］［美］R.科斯、A.阿尔钦、D.诺斯等：《财产权利与制度变迁》（译文集），上海人民出版社 1994 年版。

［6］［美］西奥多·W.舒尔茨：《改造传统农业》，梁小民译，商务印书馆 1999 年版。

［7］白立忱主编：《外国农业合作社》，中国社会出版社 2006 年版。

［8］曹锦清：《黄河边的中国》，上海文艺出版社 2000 年版。

［9］陈大斌：《重建合作》，新华出版社 2005 年版。

［10］程同顺：《农民组织化研究初探》，天津人民出版社 2003 年版。

［11］程同顺等：《农民组织与政治发展再论中国农民的组织化》，天津人民出版社 2006 年版。

［12］《邓小平文选》第 1—2 卷，人民出版社 1994 年版，第 3 卷，人民出版社 1993 年版。

［13］董忠堂：《建设社会主义新农村论纲》，人民日报出版社 2005 年版。

［14］杜润生：《杜润生自述：中国农村体制变革重大决策纪实》，人民出版社 2005 年版。

［15］杜润生：《中国农村改革决策纪事》，中央文献出版社 1998 年版。

［16］杜吟棠主编：《合作社：农业中的现代企业制度》，江西人民出版社 2002 年版。

［17］冯开文：《合作制度变迁与创新研究》，中国农业出版社 2003 年版。

［18］冯开文、李军主编：《中国农业经济史纲要》，中国农业大学出版社 2008 年版。

［19］冯开文主编：《农村合作社知识读本》，中国农业大学出版社 2009 年版。

［20］傅晨：《中国农村合作经济：组织形式与制度变迁》，中国经济出版社 2006 年版。

［21］管爱国、符纯华译著：《现代世界合作社经济》，中国农业出版社 2000 年版。

［22］韩俊：《中国经济改革 30 年·农村经济卷》，重庆大学出版社 2008 年版。

［23］韩俊：《中国农民专业合作社调查》，上海远东出版社 2007 年版。

［24］贺雪峰：《新乡土中国》，广西师范大学出版社 2003 年版。

［25］胡卓红：《农民专业合作社发展实证研究》，浙江大学出版社 2009 年版。

［26］黄胜忠：《转型时期农民专业合作社的组织行为研究：基于成员异质性的视角》，浙江大学出版社 2008 年版。

［27］黄祖辉、赵兴泉、赵铁桥：《中国农民合作经济组织发展：理论、实践与政策》（论文集），浙江大学出版社 2009 年版。

［28］《建国以来重要文献选编》，中央文献出版社 2011 年版。

［29］《江泽民论有中国特色社会主义（专题摘编）》，中央文献出版社 2002 年版。

［30］《江泽民文选》第 1—3 卷，人民出版社 2006 年版。

［31］《科学发展观学习读本》，人民出版社 2009 年版。

［32］赖建诚：《近代中国的合作经济运动：1912—1949》，台湾学生书局 2011 年版。

［33］冷溶、汪作玲主编：《邓小平年谱》上、下册，中央文献出版社 2004 年版。

［34］李典军：《社会主义农业思想史研究》，中国农业出版社 2003 年版。

［35］李建军、刘平主编：《农村专业合作组织发展》，中国农业大学出版社 2010 年版。

［36］李剑阁主编：《中国新农村建设调查》，上海远东出版社 2009 年版。

［37］李伟：《二十世纪五十年代末中国共产党对农业问题的认识和探索》，中共党史出版社 2007 年版。

［38］李文斌：《农业双层经营体制的理论与实践》，兰州大学出版社 1996 年版。

［39］《梁漱溟全集》，山东人民出版社 1990 年版。

［40］《列宁选集》第 1—4 卷，人民出版社 1995 年版。

［41］林毅夫：《制度、技术与中国农业发展》，上海三联书店 1994 年版。

［42］陆学艺：《"三农"新论：当前中国农业、农村、农民问题研究》，社会科学文献出版社 2005 年版。

［43］吕青芹、张林、韩星编著：《国外的农业合作社》，中国社会出版社 2006 年版。

［44］罗必良：《经济组织的制度逻辑》，山西经济出版社 2000 年版。

［45］《马克思恩格斯选集》第 1—4 卷，人民出版社 1995 年版。

［46］马彦丽：《我国农民专业合作社的制度解析》，中国社会科学出版社 2007 年版。

［47］《毛泽东文集》第 6—8 卷，人民出版社 1999 年版。

［48］《毛泽东选集》第 1—4 卷，人民出版社 1991 年版。

［49］米鸿才等编：《合作社发展简史》，中共中央党校出版社 1988 年版。

［50］牛若峰：《当代农业产业一体化经营》，江西人民出版社 2002 年版。

［51］史美兰：《农业现代化：发展的国际比较》，民族出版社 2006 年版。

［52］孙亚范：《新型农民专业合作经济组织发展研究》，社会科学文献出版社 2006 年版。

［53］孙亚范：《农民专业合作经济组织利益机制分析》，社会科学文献出版社 2009 年版。

［54］仝志辉等：《农村民间组织与中国农村发展：来自个案的经验》，社会科学文献出版社 2005 年版。

［55］王桧林、郭大钧编：《中国现代史》上、下册（第二版），高等教育出版社 2003 年版。

［56］温铁军：《三农问题与世纪反思》，生活・读书・新知三联书店 2005 年版。

［57］徐更生、刘开铭主编：《国外农村合作经济》，经济科学出版社 1986 年版。

［58］徐旭初：《中国农民专业合作经济组织的制度分析》，经济科学出版社 2005 年版。

［59］徐旭初、黄胜忠：《走向新合作——浙江省农民专业合作社发展研究》，科学出版社 2009 年版。

［60］杨德寿：《中国供销合作社发展史》，中国财政经济出版社 1998 年版。

［61］杨坚白主编：《合作经济学概论》，中国社会科学出版社 1990 年版。

［62］于建嵘、翁鸣、陆雷等：《农民组织与新农村建设——理论与实践》，中国农业出版社 2007 年版。

［63］张晓山：《合作经济理论和实践》，中国城市出版社 1991 年版。

［64］张晓山、李周主编：《中国农村改革 30 年研究》，经济管理出版社 2008 年版。

［65］张晓山、苑鹏：《合作经济理论与中国农民合作社的实践》，首都经济贸易大学出版社 2009 年版。

［66］张晓山、赵江涛、钱良举主编：《全球化与新农村建设》，社会科学文献出版社 2007 年版。

［67］张晓山等：《联结农户与市场：中国农民中介组织探究》，中国

社会科学出版社 2002 年版。

［68］赵泉民：《政府、合作社、乡村社会——国民政府农村合作运动研究》，上海社会科学院出版社 2007 年版。

［69］《中共中央国务院关于"三农"工作的一号文件汇编》，人民出版社 2010 年版。

［70］《中国近现代史纲要》，高等教育出版社 2007 年版。

［71］《中华人民共和国农民专业合作社法》，中国民主法制出版社 2006 年版。

［72］中国（海南）改革发展研究院编：《中国农民组织建设》，中国经济出版社 2005 年版。

［73］周志强：《中国共产党与中国农业发展道路》，中共党史出版社 2003 年版。

论文类

［1］［美］弗朗西斯·福山：《社会资本、公民社会与发展》，曹义编译，《马克思主义与现实》2003 年第 2 期。

［2］陈炳水：《"乡风文明"在社会主义新农村建设目标中的地位》，《宁波经济》（三江论坛）2007 年第 5 期。

［3］陈锡文：《要在家庭承包经营基础上实现农业现代化》，《农村工作通讯》2010 年第 1 期。

［4］陈意新：《二十世纪早期西方合作主义在中国的传播和影响》，《历史研究》2001 年第 6 期。

［5］陈至发、程利仲：《政府主导、农民主体与全社会参与——嘉兴市新农村建设的推进机制及其绩效的实证分析》，《农业经济问题》2007 年第 11 期。

［6］程同顺：《农民合作经济组织与社会主义新农村建设》，《河北学刊》2006 年第 3 期。

［7］邓衡山、徐志刚、柳海燕：《中国农民专业合作经济组织发展现状及制约因素分析——基于全国 7 省 760 个村的大样本调查》，《现代经济探讨》2010 年第 8 期。

［8］丁志刚：《"三农"问题、农民组织与乡村治理》，《开发研究》2007 年第 1 期。

［9］董进才：《农民专业合作组织的政治参与问题研究》，《农村经济》2008 年第 2 期。

［10］董进才：《专业合作社农民政治参与状况分析——基于浙江省示范合作社的调查》，《农业经济问题》2009 年第 9 期。

［11］董进才、严良海：《农民专业合作社的政治参与状况调查》，《农村经济》2009 年第 2 期。

［12］杜明娥、陈方欣：《新农村建设中确立农民主体意识的途径》，《经济纵横》2007 年第 5 期。

［13］樊万选、朱桂香：《强化和完善农民专业合作经济组织在促进新农村建设中的功能和作用》，《世界农业》2007 年第 5 期。

［14］方凯、刘洁：《农业合作社发展的国际经验及对我国的启示》，《广东农业科学》2009 年第 8 期。

［15］冯芸：《乡风文明建设是新农村建设的重要基础》，《中国改革》2006 年第 9 期。

［16］傅晨：《农民专业合作经济组织的现状及问题》，《经济学家》2004 年第 5 期。

［17］高艳琴：《发展农村专业合作经济组织是实现农业产业化经营的重要途径》，《现代农业科学》2008 年第 2 期。

［18］葛永红、董进才：《国外农民合作经济组织的维权手段与途径》，《农业经济》2009 年第 7 期。

［19］谷慧英：《建设新农村的政府主导作用与农民主体地位》，《实践》（思想理论版）2008 年第 9 期。

［20］郭庆海：《我国农民合作经济组织产业分布差异解析》，《农业经济问题》2007 年第 4 期。

［21］贺雪峰：《村社本位、积极分子：建设社会主义新农村视角研究二题》，《河南社会科学》2006 年第 3 期。

［22］贺雪峰：《农民本位的新农村建设》，《开放时代》2006 年第 4 期。

［23］贺雪峰：《新农村建设要强调村社本位》，《调研世界》2007 年第 1 期。

［24］胡德锌：《论社会主义新农村建设的政府主导作用》，《重庆社会主义学院学报》2006 年第 3 期。

［25］季丽新：《新型农民组织对新农村建设和乡村治理的独特贡献》，《理论前沿》2009 年第 5 期。

［26］贾小玫：《公司化与集约化：中国农业经营组织的创新与发展趋势》，《当代经济科学》2004 年第 3 期。

［27］阚和庆：《论农民合作组织对农村政治发展的功能价值》，《山东省农业管理干部学院学报》2010 年第 6 期。

［28］雷海良：《新农村建设要坚持农民的主体地位》，《中国党政干部论坛》2007 年第 3 期。

［29］李勇：《农民专业合作经济组织：推动社会主义新农村建设的重要途径》，《农村经济》2006 年第 9 期。

［30］梁怡：《关于农业合作社本质的经济学解释》，《经济研究导刊》2009 年第 3 期。

［31］刘吉双、郭翔宇：《新农村建设中农民主体地位与政府主导作用的关系研究》，《理论探讨》2007 年第 5 期。

［32］刘纪荣：《国家与社会视野下的近代农村合作运动——以二十世纪二三十年代华北农村为中心的历史考察》，《中国农村观察》2008 年第 2 期。

［33］刘丽霞：《扶持农民专业合作社发展的政策选择》，《经济研究参考》2008 年第 24 期。

［34］刘小红：《论〈农民专业合作社法〉的立法完善——以经济法的干预方式为进路》，《农业经济问题》2009 年第 7 期。

［35］刘勇：《乡村治理视域下的农民非制度化政治参与》，《党政干部学刊》2010 年第 5 期。

［36］刘勇：《社会转型时期农民非制度化政治参与和乡村治理困境》，《福建论坛》（人文社会科学版）2010 年第 5 期。

［37］卢福营：《乡村精英治理的传承与创新》，《浙江社会科学》2009 年第 2 期。

［38］马东才：《新形势下增加农民收入的思考》，《南方论刊》2009 年第 2 期。

［39］马晓河：《新农村建设的重点内容与政策建议》，《经济研究参考》2006 年第 31 期。

［40］梅德平：《共和国成立前革命根据地互助合作组织变迁的历史

考察》，《中国农史》2004 年第 2 期。

　　[41] 苗月霞：《新型农民合作经济组织与乡村治理》，《武陵学刊》2010 年第 6 期。

　　[42] "农村专业合作经济组织发展研究" 课题组：《基于云南省调研的分析》，《农村经济》2008 年第 6 期。

　　[43] 潘劲：《民国时期农村合作社的发展与评价》，《中国农村观察》2002 年第 2 期。

　　[44] 蒲忠：《建设社会主义新农村必须充分发挥农民主体作用》，《理论与改革》2007 年第 6 期。

　　[45] 戚其章：《我们中国应该先组织哪一种合作社?》，《平民期》1920 年第 28 期。

　　[46] 邱贵明：《新农村建设与农民专业合作经济组织》，《江西广播电视大学学报》2008 年第 1 期。

　　[47] 沈英：《新农村乡风文明建设的探究与思索》，《法制与社会》2008 年第 23 期。

　　[48] 史天健：《土地流转应该也必须讲政治》，《华中科技大学学报》（社会科学版）2009 年第 1 期。

　　[49] 宋茂华：《农民专业合作组织治理机制研究》，《农村经济》2007 年第 2 期。

　　[50] 孙志洁：《浅谈农民专业合作经济组织的作用》，《农业科技管理》2005 年第 6 期。

　　[51] 万秀丽：《"两个飞跃"与中国特色社会主义农业发展道路研究》，《甘肃社会科学》2009 年第 6 期。

　　[52] 万秀丽：《专业合作经济组织：中国特色农业现代化的现实选择》，《西北师范大学学报》（社会科学版）2010 年第 6 期。

　　[53] 汪锦军：《农村公共事务治理：寻求政府主导与农民主体的平衡》，《行政论坛》2009 年第 1 期。

　　[54] 王克印：《论社会主义新农村建设中的农民政治参与问题》，《菏泽学院学报》2010 年第 4 期。

　　[55] 王明中、汪大喹：《我国现代乡村治理的问题解析与探索》，《社会科学家》2008 年第 11 期。

　　[56] 王戎、蒲春玲、王玉龙：《新疆农民专业合作经济组织的现状

及对策》，《新疆社科论坛》2010 年第 1 期。

[57] 王颜齐、郭翔宇：《浅析农民专业合作经济组织在社会主义新农村建设中的地位和作用》，《农村经济与科技》2007 年第 8 期。

[58] 王勇：《中国农民组织化的回顾与反思：1978—2008 年》，《青岛农业大学学报》（社会科学版）2009 年第 1 期。

[59] 温锐、陈胜祥：《政府主导与农民主体的互动——以江西新农村建设调查分析为例》，《中国农村经济》2007 年第 1 期。

[60] 温铁军：《充分发挥政府和农民两个积极性：著名学者温铁军谈新农村建设》，《前线》2006 年第 1 期。

[61] 吴德慧：《恩格斯晚年的农业合作社思想及其当代价值》，《经济研究导刊》2010 年第 2 期。

[62] 伍军：《乡村治理过程中农民组织化的必要性》，《合作经济与科技》2009 年第 6 期。

[63] 武爱玲：《政府在发展农民合作组织中要协调好的几个关系》，《农业经济》2009 年第 9 期。

[64] 谢双明：《马克思主义经典作家关于东方农民合作经济理论的论述》，《社科纵横》2010 年第 1 期。

[65] 徐畅：《1927—1949 年国共两党农村合作比较研究》，《社会科学辑刊》2004 年第 6 期。

[66] 徐清照：《农民专业合作经济组织与社会主义新农村建设》，《理论学刊》2007 年第 2 期。

[67] 徐新林：《论现代农业必须发展农民专业合作组织》，《安徽农业科学》2007 年第 25 期。

[68] 徐旭初、黄祖辉、邵科：《浙江省农民专业合作组织的发展与启示》，《中国农民合作社》2009 年 6 月创刊号。

[69] 徐旭初、邵科：《新形势下中国农民合作经济组织的发展与变革》，《中国农村经济》2009 年第 1 期。

[70] 徐勇：《如何认识当今的农民、农民合作与农民组织》，《华中师范大学学报》（人文社会科学版）2007 年第 1 期。

[71] 杨茂奎：《社会主义新农村建设中的乡风文明》，《山东省农业管理干部学院学报》2006 年第 2 期。

[72] 杨中柱：《农民合作组织与新农村建设的战略思考》，《经济前

沿》2006 年第 11 期。

[73] 尹成杰：《发展农民专业合作组织，推进社会主义新农村建设》，《农村经营管理》2006 年第 9 期。

[74] 尹成杰：《农民持续增收动力：内部动力与外部动力相结合》，《中国农村经济》2006 年第 1 期。

[75] 尹成杰：《新农村建设与现代农业发展》，《中国乡镇企业》2007 年第 3 期。

[76] 于建嵘：《当代中国农民维权组织的发育与成长——基于衡阳农民协会的实证研究》，《中国农村观察》2005 年第 2 期。

[77] 于建嵘：《新农村建设需要新的农民组织》，《华中师范大学学报》（人文社会科学版）2007 年第 1 期。

[78] 于敏、姜明伦等：《欠发达地区农民专业合作经济组织发展模式选择研究：基于云南省的调查与思考》，《北方经济》2007 年第 3 期。

[79] 苑鹏：《部分西方发达国家政府与合作社关系的历史演变及其对中国的启示》，《中国农村经济》2009 年第 8 期。

[80] 苑鹏：《改革以来农村合作经济组织的发展》，《经济研究参考》2008 年第 31 期。

[81] 苑鹏：《农民专业合作社的财政扶持政策研究》，《经济研究参考》2009 年第 41 期。

[82] 苑鹏：《试论合作社的本质属性及中国农民专业合作经济组织发展的基本条件》，《农村经营管理》2006 年第 8 期。

[83] 苑鹏：《现代合作社理论研究发展评述》，《农村经营管理》2005 年第 4 期。

[84] 曾文革、王热：《〈农民专业合作社法〉关于社员权相关规定的缺失及其完善》，《法治研究》2010 年第 6 期。

[85] 张鼎：《新农村必须加强"乡风文明"建设》，《中国乡村发现》2008 年第 1 期。

[86] 张俊海：《充分发挥农民专业合作经济组织在新农村建设中的重要作用》，《现代农业》2007 年第 5 期。

[87] 张梅、郭翔宇：《国外农业合作社发展趋势研究》，《西北农林科技大学学报》（社会科学版）2008 年第 6 期。

[88] 张士杰：《中国近代农村合作运动的兴起与发展》，《民国档

案》1992 年第 4 期。

　　[89] 张晓山：《创新农业基本经营制度发展现代农业》，《农业经济问题》2006 年第 8 期。

　　[90] 张晓山：《简析中国乡村治理结构的改革》，《管理世界》2005 年第 5 期。

　　[91] 张晓山：《农民专业合作社的发展趋势探析》，《管理世界》2009 年第 5 期。

　　[92] 张晓山：《全球化背景下的中国新农村建设》，《中国改革》2006 年第 4 期。

　　[93] 张晓忠、杨嵘均：《农民组织化水平的提高和乡村治理结构的改革》，《当代世界与社会主义》2007 年第 6 期。

　　[94] 赵泉民：《"主义"话语与 20 世纪中国合作经济思潮的兴起》，《东方论坛》2005 年第 1 期。

　　[95] 赵兴泉等：《从 323 家合作社看浙江农民专业合作社发展》，《农村经营管理》2007 年第 8 期。

　　[96] 郑新立：《关于建设社会主义新农村的几个问题》，《农业经济问题》2006 年第 1 期。

　　[97] 中共马鞍山市委党校马克思主义基础理论教研室课题组李晓玲：《对我市农村专业合作经济组织的调查和思考》，《江东论坛》2008 年第 S1 期。

　　[98] 朱启臻、杨汇泉：《农地承包关系长久不变与农村双层经营体制创新》，《探索》2008 年第 6 期。

　　[99] 左宁：《发展农民专业合作社是建设现代农业的重要途径》，《湖南农业科学》2008 年第 5 期。

博士学位论文

　　[1] 孙浩杰：《农民专业合作经济组织生成与运行机制研究》，博士学位论文，西北农林科技大学，2008 年。

　　[2] 张月辰：《农民专业合作经济组织系统管理研究》，博士学位论文，天津大学，2006 年。

报纸及网络文章

　　[1] 蔡永飞：《新农村建设的"政府主导"与"农民主体"》，《农

民日报》2007 年 5 月 16 日第 3 版。

　　[2] 曹海东:《新农村建设:农民集体失语?》,《南方周末》2007 年 7 月 5 日第 C18 版。

　　[3] 福建省邓小平理论和"三个代表"重要思想研究中心:《充分发挥农民在新农村建设中的主体作用》,2006 年 7 月 24 日,人民网(http://theory.people.com.cn/GB/40557/49139/49143/4621288.html)。

　　[4] 孙中华:《在纪念〈农民专业合作社法〉实施三周年暨农民专业合作社与农村经营体制创新研讨会开幕式上的讲话》,2010 年 7 月 12 日,四川农业网(http://www.scnyt.com/news/readNews.php?aid=40627)。

　　[5]《政府工作报告》,《光明日报》2011 年 3 月 16 日第 1 版。

　　[6]《中共中央关于推进农村改革发展若干重大问题的决定》,《光明日报》2008 年 10 月 20 日第 1 版。

外文文献

　　[1] Albaek, S., C. Schultz, "On the Relative Advantage of Cooperatives", *Economics Letters*, 1998, 59 (3).

　　[2] Banerjee, A. D., D. Mookherjee, K. Munsh, D. Ray, "Inequality, Control Rights, and Rent Seeking: Sugar Cooperatives in Maharashtra", *Journal of Political Economy*, 2001, 109 (1).

　　[3] Choi, E. K., E. Fernerman, "Producer Cooperatives, Input Pricing and Land Allocation", *Journal of Agricultural Economics*, 1993, 44 (2).

　　[4] Cook, Michael, L., "The Future of U. S. Agricultural Cooperative: A Neo-institutional Approach", *American Journal of Agricultural Economics*, 1995, 77 (5).

　　[5] Eilers, C. and C. H. Hanf, "Contracts between Farmers and Farmers Processing Cooperatives: A Principal – agent Approach for the Potato Starch Industry", *Vertical Relationship and Coordination in the Food System*, 1999, pp. 267–284.

　　[6] Emelianoff, I. V., *Economic Theory of Cooperation*, Ann Arbor: Edward Brothers, 1942.

　　[7] Enke, S., "Consumer Cooperatives and Economic Efficiency", *A-*

merican Economic Review , 1945, 35 (1).

[8] Feinerman, E. and M. Falkovitz, "An Agricultural Multipurpose Service Cooperative: Pareto Optimality, Price-tax Solution and Stability", *Journal of Comparative Economics*, 1991, 15 (1).

[9] Fulton, M. E., "The Future of Canadian Agricultural Cooperatives: a Property Rights Approach", *American Journal of Agricultural Economics*, 1995, 77 (5).

[10] Fulton, M. E. and K. Giannakas, "Organizational Commitment in a Mixed Oligopoly: Agricultural Cooperatives and Investor-owned Firms", *American Journal of Agricultural Economics*, 2001, 83 (5).

[11] Helmberger, P. G. and S. Hoos, "Cooperative Enterprise and Organization Theory", *Journal of Farm Economics*, 1962, 44 (2).

[12] Hendrikse, G. and J. Bijman, "Ownership Structure in Agrifood Chains: The Marketing Cooperative", *American Journal of Agriculture Economics*, 2002, 84 (1).

[13] Hendrikse, G. W. , C. P. Veerman, "Marketing Cooperatives: An Incomplete Contracting Perspective", *Journal of Agricutural Economics*, 2001, 52 (1).

[14] Hendrikse, G. W. J. , "Screening, Competition and the Choice of the Cooperative as an Organizational Form", *Journal of Agricultural Economics*, 1998, 49 (2).

[15] Karantinis, K. and A. Zago, "Endogenous Membership in Mixed Duopsonies", *American Journal of Agricultural Economics*, 2001, 83 (5).

[16] Michael Cook, Fabio Chaddad, Constantine Ilipoulos, "Advances in Cooperative Theory since 1990: A Review of Agricultural Economics Literature", *Restructuring Agricultural Cooperatives*, 2004, pp. 65-90.

[17] Phillips, R., "Economic Nature of the Cooperative Association", *Journal of Farm Economics*, 1953, 35 (1).

[18] Porter, P. K. and Scully, G., "Economic Efficiency in Cooperatives", *The Journal of Law and Economics*, 1987, 30 (2).

[19] Sexton, R. J., "Imperfect Competition in Agricultural Markets and the Role of Cooperatives: A Spatial Analysis", *American Journal of*

Agricultural Economics, 1990, 72 (3).

[20] Sexton, R. J. , "Perspectives on the Development of the Economic Theory of Cooperatives", *Canadian Journal of Agricultural Economics*, 1984, 32 (2).

[21] Staatz, John M., "Farmer Cooperative Theory:Recent Developments", *Research Reports*, 1989.

[22] Taylor, R. A. , "The Taxation of Cooperatives:Some Economic Implications", *Canadian Journal of Agricultural Economics*, 1971, 19 (2).

[23] Tennbakk, B., "Marketing Cooperatives in Mixed Duopolies", *Journal of Agricultural Economics*, 2010, 46 (1).

[24] Torgerson, Reynolds, Gray, "Evolution of Cooperative Thought, Theory and Purpose", *Journal of Cooperatives*, 1998, 13.

[25] Zusman, P., "Constitutional Selection of Collective Choice Rules in A Cooperative Enterprise", *Journal of Economics Behavior and Organization*, 1992, 17 (3).

后　记

本书是在我的博士毕业论文的基础上修改完成的。自论文，也就是现在的书稿写作以来，我度过了多少个不眠之夜，经历过多少焦虑、欣喜，多少回苦思冥想，已然难以历数，今天，当这一切终于要画上句号，心中不由感慨万千。

本书得以完成，首先要感谢我的博士生导师王学俭教授。求学期间，王老师对我学业的指导严谨认真、无微不至，尤其是在我的博士学位论文写作过程中，无论是论文选题，还是谋篇布局、修改完善，王老师都付出了大量的心血，论文得以完成，是与王老师的鼓励与指导分不开的。王老师以高瞻远瞩的视野、渊博深邃的学识、严谨扎实的治学、宽厚仁慈的胸怀、积极乐观的态度，从治学到做人都为我树立了终生学习的典范，他的教诲与鞭策将激励我在今后的工作和学习中不断前进。同时，我也要感谢曾经在我求学期间指导过我的各位老师：王维平教授、刘先春教授、张新平教授等……求学期间，老师们的指导、教诲和鼓励帮助我明确了前进的方向，增强了奋斗的动力。

本书得以完成，也要感谢我的家人，包括已去世的父亲和婆婆，感谢我的母亲、公公、兄长、爱人和儿子。远在老家的母亲和公公经常电话里嘘寒问暖，真切地希望我们事事顺畅，虽只言片语，却给我无比的力量和温暖。如今回想当初求学期间，我与爱人攻读博士学位时间相差不多，期间家庭压力之大，难以尽述，在我写作论文期间，他比平时承担了更多家务和教育孩子的责任，在我撰写论文最痛苦、最难熬的时候，是他给予我前进的力量。

最后，要衷心感谢中国社会科学出版社任明老师，任老师对书稿精益求精的专业态度和热情助人、令人如沐春风的为人风格令人难忘，书稿得以顺利出版必须感谢任老师。

万秀丽

二零一七年十二月十九日